공짜로는 알 수 없는 절세 비법
크리에이터

공짜로는 알 수 없는 절세 비법

김조겸 지음

크리에이터

여의도 책방

PART 1
크리에이터의 다양한 수입 구조

PART 2
크리에이터의 사업자 등록

PART 3

크리에이터의 연간 세무 일정

PART 6
4대보험과 두루누리 사회보험료 지원

PART 7
크리에이터가 가산세 내지 않는 법

PART 8

업무용 승용차 비용 처리 어떻게 할까?

PART 13
크리에이터가 놓치면 안 되는 정부지원금

PART 14
크리에이터 세무조사 사례

실수하지 않기 위한 세금 이야기

시작하며

크리에이터가 되신 여러분께

유튜브, 인스타그램, 틱톡, 라이브 스트리밍 플랫폼의 성장과 함께 지금은 1인 미디어 시대라 해도 과언이 아닙니다. 이제 콘텐츠 제작은 일부 유명인의 전유물이 아니라, 누구나 도전할 수 있는 하나의 직업이 되었습니다.

촬영 장비 하나와 계정만 있으면 수익이 발생하고 광고, 후원, 협찬, 구독료, 굿즈 판매 등 다양한 형태의 소득이 만들어집니다. 겉으로 보면 단순해 보이지만, 그 안의 수익 구조는 매우 복잡합니다.

문제는 대부분의 크리에이터들이 수익이 발생한 이후에야 세금을 고민한다는 점입니다.

첫 정산을 받았을 때는 기쁘지만, 종합소득세 신고 시기가 다가오면 어디서부터 어떻게 정리해야 할지 막막해집니다.

　"플랫폼에서 받은 첫 정산금은 어떤 소득으로 신
　고해야 할까?"
　"국외 플랫폼 수익도 한국 세금 신고 대상일까?"
　"후원금과 광고 수익은 세금 처리 방식이 다를
　까?"
　"나는 부가가치세를 내는 사업자인 걸까?"

이 질문에 대한 답을 정확히 알지 못한 채 신고를
진행하다 보면 소득 누락, 과소 신고, 가산세 부과
로 이어지는 경우가 적지 않습니다. 실제로 많은 크
리에이터들이 세무조사나 세금 추징을 겪은 뒤에
야 문제의 심각성을 인식하게 됩니다.

크리에이터의 수익 구조는 일반 자영업자나 프
리랜서와 전혀 다릅니다. 플랫폼 정산 방식, 국외
송금, 광고 수익 배분, MCN 계약 구조까지 함께 이
해하지 않으면 올바른 세무 처리가 불가능합니다.

저는 2019년부터 유튜버, BJ, 스트리머 등 신종
업종의 세무 관리에 대한 실무 연구를 시작하였고,
실제 크리에이터들의 신고 구조와 과세 체계를 정
리해 온 세무사입니다. 당시에는 관련 자료도, 기준

도 거의 정리되어 있지 않은 상태였으며, 대부분의 사례가 기존 세법 틀에 억지로 끼워 맞춰 처리되고 있었습니다.

이 책은 그러한 시행착오 속에서 축적된 실무 경험을 바탕으로, 크리에이터라는 직업에 맞는 세무 관리 기준을 정리하기 위해 집필했습니다.

- 어떤 소득이 어떻게 분류되는지
- 언제, 무엇을, 어떻게 신고해야 하는지
- 어떤 구조에서 세금이 늘어나고 줄어드는지
- 세무사를 어떻게 활용해야 하는지

실제 사례 중심으로 설명하는 실전 세무 가이드입니다.

이 책을 통해 크리에이터 여러분이 불필요한 세금 부담을 줄이고, 예기치 못한 가산세와 분쟁을 예방하며, 본업인 콘텐츠 제작에 더 집중할 수 있기를 바랍니다.

현장에서 바로 도움이 되는 내용만 추려, 부담 없이 따라오실 수 있도록 정리했습니다. 지금부터 하나씩 함께 살펴보시죠.

크리에이터 용어 정리

본문에서 자주 사용되는 용어들을 먼저 정리해 보겠습니다. 어렴풋이 알고 계셨던 개념을 한 번 짚고 넘어가시면, 이후 내용을 이해하는 데 도움이 될 것입니다.

유튜버

유튜브 플랫폼에서 콘텐츠를 제작하고 수익을 창출하는 크리에이터를 의미합니다. "유튜브 크리에이터"를 줄여 부르는 표현입니다. 광고 수익, 슈퍼챗, 멤버십, 협찬 등 다양한 형태의 소득이 발생할 수 있습니다.

BJ

브로드캐스트 쟈키(Broadcast Jockey)의 약자로, 주로 숲(구 아프리카TV) 등 영상 플랫폼에서 활동하는 개인 방송 크리에이터를 의미합니다. 별풍선 같은 후원 수익이 주요 수입원이 되는 경우가 많습니다.

스트리머

실시간 개인 방송, 즉 스트리밍을 진행하는 크리에이터를 뜻합니다. 최근에는 네이버 치지직과 같은 실시간 방송 플랫폼에서 활동하는 경우가 많습니다. 실시간 후원, 구독료, 광고 수익이 동시에 발생하는 구조를 갖습니다.

틱톡 호스트

틱톡 플랫폼에서 콘텐츠를 제작하는 크리에이터를 틱톡 호스트, 틱토커라 부릅니다. 최근에는 틱톡 라이브의 성장으로, 실시간 스트리밍 형태로 활동하는 크리에이터도 빠르게 증가하고 있습니다. 짧은 영상 콘텐츠 외에도 라이브 후원 수익 비중이 점점 커지고 있습니다.

MCN 회사

멀티 채널 네트워크(Multi Channel Network)의 약자로, 1인 콘텐츠 창작자와 제휴하여 광고 영업, 저작권 관리, 콘텐츠 유통, 정산, 법률·세무 지원 등을 제공하는 회사입니다. 연예인의 기획사와 유사한 역할을 수행한다고 이해하시면 됩니다. 수익 배분 구조와 계약 내용에 따라 실제 수령 금액과 세무 처리 방식이 달라질 수 있습니다.

틱톡 에이전시

틱톡 에이전시란, 틱톡 플랫폼과 공식 또는 비공식 협력 관계를 기반으로 틱톡 라이브 호스트(크리에이터)를 모집·관리·육성하고, 라이브 방송 및 콘텐츠 활동을 통해 발생한 플랫폼 매출의 일정 비율을 정산받는 사업자를 말합니다. 틱톡 에이전시는 단순 중개인이 아니라, 호스트의 기획사·매니지먼트·운영사에 가까운 역할을 수행하며, 플랫폼 - 호스트 - 에이전시 간의 수익 구조와 운영 체계를 연결하는 중간 사업 주체입니다.

초보 크리에이터를 위한 세금 필수 용어

워밍업 느낌으로 먼저 읽어보시면 좋을 세금 필수 용어들입니다. 당장 이해가 안 가도 걱정하지 마세요. 본문을 모두 읽고 나면 무슨 뜻인지 확실히 알고 활용하실 수 있게 될 겁니다.

사업자등록증

국세청에 등록하여 발급받는 사업자 인증서. 세금 신고 및 사업 활동의 출발점.

사업소득

개인사업자가 벌어들인 소득의 한 종류로, 종합소득세 신고 시 포함됨.

기타소득

일시적 수입 등, 사업소득 외의 수입. (예: 일회성 강의 계약 등)

현금영수증

개인 소비자 또는 사업자에게 발급하는 소득공제 및 지출증빙 영수증. 현금 B2C 거래 시 매출을 증빙하거나, 매입을 증빙할 때 사용.

전자세금계산서

국세청에 실시간 전송되는 전자 형태의 세금계산서. B2B 거래 시 필수.

간이과세자

연 매출 1억 400만 원 미만인 소규모 사업자. 부가가치세 납부가 간편하며 세율이 낮음.

일반과세자

연 매출 1억 400만 원 이상인 사업자. 매출·매입세액을 계산해 부가세를 신고·납부.

면세사업자

부가가치세가 면제되는 면세사업자. 1인미디어컨텐츠창작자에 해당하는 경우.

부가가치세(VAT)

재화·용역의 소비에 부과되는 세금(10%).

부가세 신고

1년에 2회(1월, 7월) 사업자가 부가세를 국세청에 신고하고 납부하는 절차. 면세사업자는 부가가치세 신고 의무 없음.

공급가액

부가세를 제외한 상품 또는 용역의 실제 판매 금액.

매출세액

고객에게 받은 부가가치세 금액.

매입세액

사업 활동에 필요한 물건이나 서비스 구입 시 부담한 부가세. 매출세액에서 공제 가능.

과세표준

세금을 계산하기 위한 기준이 되는 금액. 소득세·부가세 등을 부과할 때 기준이 됨.

종합소득세

1년간 벌어들인 모든 소득에 대해 부과되는 세금. 개인 사업자는 매년 5월에 신고(성실사업자는 6월에 신고).

수입금액

한 회계 기간 동안 벌어들인 총 매출. 소득세법상 여러 기준 적용에 사용됨.

필요경비

사업 운영에 필요한 비용으로, 세금 계산 시 총 수입에서 제외됨.

소득공제

과세표준에서 제외되는 금액. 종합소득세 줄이기에 중요.

원천징수

외주 인력, 프리랜서, 근로소득자 등에게 소득을 지급할 때 세금을 미리 떼고 납부하는 제도.

세액공제

산출된 세금에서 일정 금액을 직접 차감해 주는 제도. (예: 전자신고 세액공제)

가산세

세금 신고 누락, 지연 시 부과되는 벌금. 주의 필요.

PART 1

크리에이터의 다양한 수입 구조

크리에이터의 수입은 단순한 광고 수익에만 국한되지 않고 플랫폼 광고, 협찬·PPL, 후원금, 멤버십, 전자상거래 등 다양한 형태로 발생합니다. 이처럼 수입 구조가 복잡해질수록 각 수익의 성격에 따라 과세 방식과 신고 방법이 달라지므로, 정확한 이해 없이 세금 신고를 진행할 경우 누락이나 과소신고로 이어질 위험이 커집니다.

이번 장에서는 크리에이터에게 발생할 수 있는 주요 수입 유형을 정리하고, 각 수입이 세무상 어떻게 분류되는지의 기본 구조를 살펴보겠습니다.

크리에이터의 세금 신고

크리에이터의 세금 신고는 수입 구조를 정확히 이해하는 것에서부터 출발합니다. 어떤 경로로 돈이 들어오는지에 따라 소득의 종류와 신고 방법, 세금 부담이 크게 달라지기 때문입니다.

크리에이터의 수입은 크게 영상 플랫폼에서 발생하는 수입과 플랫폼 외부에서 발생하는 수입으로 구분할 수 있습니다.

영상 플랫폼에서 정산받는 수입

가장 기본이 되는 수입은 영상 플랫폼을 통해 정산받는 수입입니다.

유튜브의 경우 구글 애드센스를 통해 광고 수익이 지급되며, 숲(SOOP, 구 아프리카TV), 네이버 치지직, 틱톡 등 다른 플랫폼에서도 영상 조회수, 자체 광고, 라이브 후원 등의 수익을 플랫폼이 취합하여 크리에이터에게 정산하는 방식으로 지급합니다.

이러한 수입은 대부분 국외 또는 플랫폼 사업자를 통해 지급되며, 입금 시점, 통화 종류(원화 · 달러 등), 수수료 차감 방식에 따라 장부 처리와 세금 신고 방식이 달라질 수 있으므로 체계적인 관리가 필요합니다.

영상 플랫폼 외에서 발생하는 수입

크리에이터의 수입 구조는 플랫폼 정산에만 그치지 않습니다. 실제로는 다음과 같은 다양한 형태의 외부 수입이 함께 발생하는 경우가 많습니다.

- 간접광고(PPL) 수입
- 도서, 문구류, 굿즈 등 저작권 · 인세 수입
- 상표 사용료(라이선스 수입)
- 공동구매 진행에 따른 수익

- 방송 촬영 및 출연 수입

간접광고(PPL)의 경우 현금이 아닌 현물(제품, 서비스)로 제공받는 경우가 많습니다. 이때에도 해당 물품은 시가(시장 가격) 기준으로 금액을 산정하여 소득으로 신고해야 하며, 누락 시 과소신고에 해당할 수 있으므로 주의가 필요합니다.

도서, 문구용품, 캐릭터 상품 등에 대한 저작권료나 인세, 상표 사용료는 경우에 따라 기타소득으로 원천징수 후 지급되거나, 사업소득으로 세금계산서를 발행하여 수령하는 방식으로 처리되기도 합니다. 계약 구조에 따라 세무 처리가 달라지므로 사전에 확인이 필요합니다.

공동구매 수입

뷰티, 미용, 패션, 생활용품 등 소비재 분야의 크리에이터 중에는 인플루언서로서 공동구매를 진행하는 경우도 많습니다. 공동구매 수입은 구조에 따라 다음과 같이 나뉩니다.

- 판매 업체를 연결해 주고 중개 수수료만 받는 경우
- 크리에이터가 직접 물품을 매입하여 판매하는 경우

후자일 경우에는 단순한 콘텐츠 수익이 아니라 통신판매업 또는 도·소매업 매출로 분류되어 부가가치세, 재고 관리, 매출 신고 의무까지 함께 발생하게 됩니다.

방송 출연 수입

라디오, 케이블 방송, 공중파 프로그램 등에 출연하는 경우에는 일반적으로 연예인과 동일하게 인적 용역 제공에 따른 소득으로 분류됩니다.

이 경우 방송사에서 지급 시점에 소득세를 원천징수한 후 지급하며, 크리에이터는 해당 금액을 종합소득세 신고 시 다른 소득과 합산하여 신고하게 됩니다.

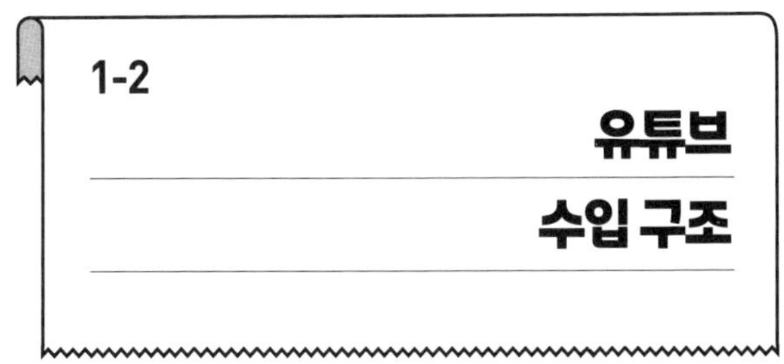

유튜브는 크리에이터 수익 구조의 가장 대표적인 플랫폼입니다. 광고 수익을 중심으로 멤버십, 후원, 쇼핑 기능 등 다양한 형태의 수익이 발생하며, 대부분 구글 애드센스를 통해 정산됩니다.

유튜버 과세 방식

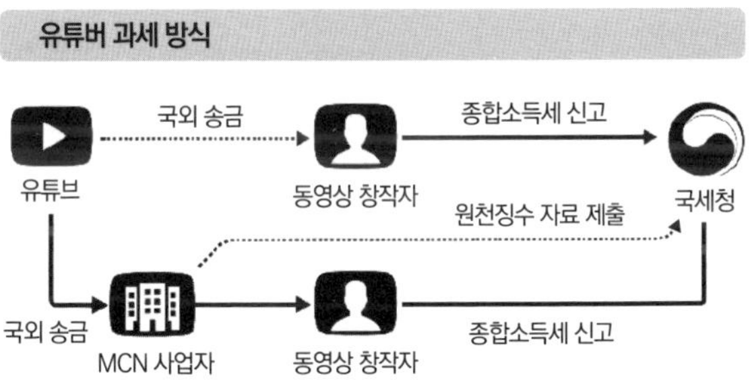

유튜브 수익 창출 조건

유튜브에서 광고 수익을 얻기 위해서는 먼저 구글의 광고 프로그램인 구글 애드센스(AdSense) 가입 요건을 충족해야 합니다. 수익 창출 조건은 다음과 같습니다.

- 구독자 500명 이상
- 최근 12개월 동안 시청 시간 3,000시간 이상
- 최근 90일 동안 쇼츠(Shorts) 영상 조회수 300만 회 이상

위 조건을 충족하면 유튜브로부터 '지급 정보 업데이트' 안내 메일을 받게 되며, 구글 애드센스 계정에서 지급 정보를 등록해야 합니다.

지급 정보 등록 시에는 외화 입금이 가능한 본인 명의 계좌 정보를 입력해야 하며, 애드센스 누적 수익이 미화 100달러(US$100) 이상이 되면 출금 신청이 가능합니다.

멤버십 수익

유튜브 채널 멤버십 기능을 통해 시청자로부터 월 정액 구독료를 받을 수 있습니다. 멤버십 수익 역시 광고 수익과 마찬가지로 구글 애드센스를 통해 함께 정산되며, 다른 유튜브 수익과 합산되어 지급됩니다.

유튜브의 기본 수익 구조

유튜브 수익은 다음 요소들로 구성됩니다.

- 광고 노출 수익
- 영상 조회수에 따른 수익
- 구독자 활동 기반 수익
- 페이지뷰 및 시청 유지 시간에 따른 수익

광고 수익은 일반적으로 유튜버 55%, 구글 45% 비율로 배분됩니다.

슈퍼챗(실시간 후원 수익)

최근에는 광고 수익 외에도 슈퍼챗(Super Chat) 같은 실시간 후원 제도가 중요한 수입원이 되고 있습니다.

슈퍼챗은 숲의 별풍선과 유사한 구조로, 시청자가 실시간 방송 중 유튜버에게 직접 후원금을 송금하는 방식입니다. 이러한 후원금 역시 사업상 수입 또는 기타소득으로 분류되어 세금 신고 대상이 됩니다.

구글 애드센스 수익 산정 방식

구글 애드센스 수익은 광고 노출 수, 클릭률, 시청자의 국가, 광고 단가 등 여러 요소를 반영한 복잡한 산식으로 계산된 후, 최종 금액의 55%가 크리에이터에게 배분됩니다.

일반적으로 다음과 같은 경향이 있습니다.

- 북미 · 유럽 등 소득 수준이 높은 국가 시청자 비중이 높을수록 광고 단가 상승

- 개발도상국 시청자 비중이 높을수록 광고 단가
  하락

따라서 같은 조회수라도 시청자 국가 구성에 따라 실제 수익은 크게 달라질 수 있습니다.

최근 확대되는 추가 수익원

최근에는 기존 광고 수익 외에도 다음과 같은 수익원이 빠르게 확대되고 있습니다.

- 유튜브 쇼핑 기능
- 브랜드 제휴형 상품 판매
- 라이브 커머스 연계 기능

이러한 수익 역시 형태에 따라 사업소득 또는 기타소득으로 분류되어 신고 대상이 됩니다.

숲 수입 구조

숲(SOOP, 구 아프리카TV) 플랫폼에서 활동하는 크리에이터는 일반적으로 BJ라고 부릅니다. 이 플랫폼의 가장 대표적인 수입원은 별풍선 후원 수익입니다.

별풍선 수익 구조

별풍선은 시청자가 BJ에게 선물하는 유료 아이템으로, BJ의 주요 수입원에 해당합니다.

별풍선을 선물한 시청자는 팬클럽으로 등록되며, 선물 순서 기준 상위 20명은 열혈팬 TOP20으로 선정되어 채팅 우선권 등 각종 기능상의 혜택이 부여됩니다.

별풍선은 10개당 1,100원(부가가치세 포함)으로 판
매됩니다.

별풍선 가격

별풍선 개수	가격
10개	1,100원
30개	3,300원
50개	5,500원
100개	11,000원
300개	33,000원
500개	55,000원

수익 배분율

BJ 채널에서 발생하는 광고 수익은 일정 비율로 BJ
에게 배분됩니다.

BJ 등급은 시청자 수, 방송 횟수, 인기도 등에 따
라 다음과 같이 구분됩니다.

BJ 등급	수익 배분 비율
일반 BJ	60%
베스트 BJ	70%
파트너 BJ	80%

광고 수익 구조

광고 수익은 다음 유형의 광고에서 발생합니다.

- LIVE 방송 진입 시 노출되는 영상 광고
- VOD(다시보기) 시청 전 노출되는 영상 광고
- 개인 방송국 화면 우측에 노출되는 배너 광고

광고 수익은 광고 노출 및 유효 클릭에 따른 수익에서 제반 비용을 차감한 금액을 기준으로 배분됩니다.

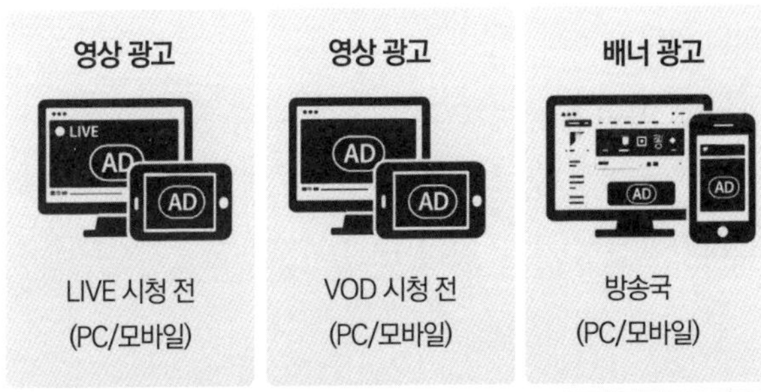

광고 수익 환전 기준

광고 수익 누적 금액이 10만 원 이상이면 환전 신청이 가능합니다. 환전 신청 시, 해당 월 마지막 주 목요일에 계좌로 지급됩니다.

정산 방법

광고 수익 내역은 전월 실적을 다음 달 10일부터 확인할 수 있습니다.

확인 경로

- PC 메인 페이지 우측 닉네임 클릭 → 마이 메뉴
→ 내 광고 수익
- 환전 신청 기간: 매월 10일~15일

원천징수 및 세금 처리

국내(KOREA) 환전

국내 환전 시 지급 금액에 관계없이 다음 세금이 원천징수됩니다.

- 소득세 3%
- 지방소득세 0.3%

또한 플랫폼 수수료 부분에 대해서는 BJ에게 세금계산서가 발행됩니다.

사업자가 있는 경우에는 별도로 세금계산서 또는 계산서 발행을 요청할 수 있습니다.

국외(Outside KOREA) 환전

한국 외 지역으로 환전하는 경우 다음이 적용됩

니다.

- 원천징수 세율: 22%
- 국외 송금 수수료 발생 가능
- 송금 수수료는 이용자 본인 부담이 될 수 있음

종합소득세 신고

숲은 매년 홈페이지의 BJ 가이드를 통해 종합소득세 신고 방법을 안내하고 있습니다.

BJ는 국세청에서 제공하는 사업소득 지급명세서(숲이 국세청에 제출한 자료)를 통해 본인의 연간 수입 금액을 확인한 후, 이를 기준으로 종합소득세 신고를 진행하게 됩니다.

지급명세서는 홈택스를 통해 직접 조회할 수 있으며, 확인 방법은 다음과 같습니다.

홈택스에서 지급명세서(원천징수영수증) 확인 방법

크리에이터(BJ 포함)는 국세청 홈택스를 통해 플랫폼이 제출한 사업소득 지급명세서를 직접 확인할 수 있습니다.

① 홈택스 접속 및 로그인

국세청 홈택스(www.hometax.go.kr)에 접속한 후, 공동인증서 또는 간편인증을 이용하여 로그인합니다.

② My홈택스 이동

로그인 후 상단 메뉴에서 'My홈택스'를 클릭합니다.

③ 지급명세서 메뉴 선택

좌측 메뉴에서 다음 경로를 선택합니다.

- 연말정산·지급명세서 → 지급명세서 등 제출내역

④ 지급명세서 조회

'지급명세서 등 제출내역' 화면에서 조회 연도 선택, 소득 종류(사업소득 등) 확인을 통해 숲 등 플랫폼이 국세청에 제출한 본인의 소득 내역을 확인할 수 있습니다.

⑤ 출력 및 활용

확인한 지급명세서는 출력하거나 PDF 파일로 저장하여 다음 용도로 활용할 수 있습니다.

- 종합소득세 신고 자료
- 세무사 상담 및 신고 위임 자료
- 금융기관 제출용 소득 증빙 자료

틱톡
수입 구조

틱톡에서 활동하는 크리에이터는 일반적으로 틱톡커(틱톡 호스트)라고 부릅니다. 틱톡커는 개인이 직접 활동하는 경우도 있지만, 실제로는 에이전시 소속으로 활동하는 경우가 많으며, 에이전시는 틱톡으로부터 별도의 에이전시 수익을 정산받는 구조를 갖고 있습니다.

틱톡 수익 수령 구조

틱톡커의 주요 수익원은 다음과 같습니다.

- 라이브 방송 수익

- 리워드 수익
- 구독 수익
- 후원금(아이템 선물)

이러한 수익은 대부분 다음과 같은 결제대행 플랫폼을 통해 수령하게 됩니다.

- 페이오니아(Payoneer)
- 페이코(Payco)
- 페이팔(PayPal) 등

즉, 국내 계좌로 바로 입금되지 않고 국외 결제 플랫폼을 거쳐 정산되는 구조인 경우가 많습니다.

틱톡 라이브 수익 방식

틱톡 라이브 수익은 구조상 숲의 별풍선과 유사한 방식입니다. 시청자가 라이브 방송 중 유료 아이템을 선물하면, 틱톡커는 이를 누적한 뒤 일정 기준에 따라 환전하여 현금으로 수령하게 됩니다.

라이브 수익 창출 조건

틱톡에서 라이브 수익을 창출하기 위해서는 다음
조건을 충족해야 합니다.

- 만 18세 이상(대한민국 기준 만 19세 이상)
- 팔로워 수 10,000명 이상
- 계정 생성 후 30일 이상 경과
- 최근 30일 동안 공개 동영상 게시 이력 보유

세금 처리 시 주의사항

틱톡 수익의 가장 중요한 특징은 플랫폼 또는 결제
대행사에서 원천징수를 하지 않는 경우가 대부분
이라는 점입니다. 따라서 틱톡커는 아래 내역을 직
접 정리하여 종합소득세 신고 시 누락 없이 반영해
야 합니다.

- 페이오니아, 페이팔 등 정산 내역
- 실제 입금된 금액
- 환율 적용 내역

이를 놓칠 경우, 소득 누락으로 인한 가산세 부과나 세무조사로 이어질 수 있으므로 각별한 관리가 필요합니다.

네이버 치지직 수입 구조

네이버 치지직에서 활동하는 크리에이터를 치지직 스트리머라고 부릅니다.

치지직은 네이버가 운영하는 실시간 방송 중심 플랫폼으로, 게임 방송이나 토크 방송 등 라이브 콘텐츠를 통해 시청자와 소통하며 수익을 얻는 구조입니다.

치지직에서 돈 버는 방법은?

치지직 스트리머의 주요 수익은 다음과 같습니다.

- 시청자가 보내는 후원금

- 채널 정기 구독 수익
- 방송 중 또는 영상에 붙는 광고 수익

즉, '방송을 하고 → 시청자가 후원하거나 구독하고 → 광고가 붙으면서 수익이 발생하는 구조'라고 이해하시면 됩니다.

수익은 모두 내 것?

치지직의 수익은 플랫폼과 스트리머가 일정 비율로 나누는 방식입니다.

스트리머는 활동 수준에 따라 다음과 같은 등급으로 구분됩니다.

- 루키
- 프로
- 파트너

등급이 올라갈수록 수익 배분 비율이 유리해지며, 후원 수익은 대략 60~70% 수준, 구독 수익은 약 70%, 광고 수익은 약 50% 전후가 스트리머에게 지급됩니다. (정확한 비율은 등급과 수익 종류에 따라 달라집니다.)

정산은 어떤 방식으로 받는가

치지직에서는 다음 세 가지 형태 중 하나로 정산을 받을 수 있습니다.

- 개인
- 개인사업자
- 법인사업자

처음 시작하는 대부분의 스트리머는 개인 형태로 정산을 받게 됩니다.

세금은 어떻게 처리되나요?

개인으로 정산받는 경우

플랫폼에서 수익을 지급할 때 '소득세 3%+지방소득세 0.3%', 총 3.3%를 미리 떼고 입금합니다. 이를 원천징수라고 합니다. 이후 크리에이터는 매년 5월 종합소득세 신고 때 해당 수익을 다시 신고해야 합니다.

사업자로 정산받는 경우

개인사업자나 법인으로 정산을 받는 경우에는 플랫폼에 세금계산서를 발행해야 정산이 가능합니다. 2024년 6월 1일부터 세금계산서 역발행 방식이 적용되었고, 2025년 10월 31일부터는 전자세금계산서 발행이 의무화되어 정산을 받기 위해서는 반드시 세금계산서를 발급해야 합니다.

세금계산서를 발행하지 않으면 정산금을 받을 수 없도록 제도가 변경되었기 때문에, 사업자로 활동하는 경우 세금계산서 관리가 매우 중요합니다.

인스타그램
수입 구조

인스타그램에서 활동하며 수익을 창출하는 크리에이터를 일반적으로 인플루언서라고 부릅니다.

인스타그램은 유튜브나 숲처럼 '플랫폼이 직접 광고 수익을 정산해 주는 구조'라기 보다, 콘텐츠 영향력을 기반으로 외부 수익이 발생하는 구조라는 점이 가장 큰 특징입니다.

인스타그램 크리에이터의 주요 수익원

인스타그램 인플루언서의 대표적인 수익원은 다음과 같습니다.

- 콘텐츠 조회수 및 참여도에 따른 리워드 수익
- 브랜드 협찬 및 광고 수익
- 공동구매 및 제품 판매 수익
- 제휴 링크(어필리에이트) 수익

즉, '영상이나 사진 자체로 돈을 벌기보다 콘텐츠를 통해 만들어진 영향력으로 수익이 발생한다'고 이해하시면 됩니다.

조회수 수익 및 리워드 구조

일부 크리에이터는 인스타그램에서 제공하는 리워드 프로그램이나 보너스 프로그램을 통해 조회수에 따른 수익을 지급받기도 합니다.

이 수익은 다음과 같은 방식으로 지급됩니다.

- 인스타그램(메타)에서 지정한 프로그램 참여
- 조회수 · 시청 시간 · 참여도 등에 따른 성과 기준 적용
- 국외 플랫폼을 통한 외화 정산 또는 국내 계좌 지급

다만 모든 계정이 자동으로 조회수 수익을 받을 수 있는 것은 아니며, 플랫폼 정책과 계정 조건에 따라 참여 가능 여부가 달라집니다.

협찬 및 브랜드 협업 수익

인스타그램 인플루언서의 가장 중요한 수익원은 협찬 및 브랜드 광고 수익입니다.
대표적인 형태는 다음과 같습니다.

- 특정 제품이나 서비스를 소개하는 게시물 업로드
- 스토리, 릴스, 피드 콘텐츠에 광고 노출
- 브랜드 계정과 공동 콘텐츠 제작

협찬 수익은 다음과 같이 지급되는 경우가 많습니다.

- 현금 지급
- 제품 무상 제공(현물 협찬)
- 현금+제품 혼합 지급

여기서 중요한 점은, 현금이 아닌 제품으로 받은

협찬도 세금 신고 대상 소득이라는 점입니다. 제공 받은 물품은 시가(시장 가격) 기준으로 금액을 산정하여 소득으로 신고해야 합니다.

공동구매 및 제휴 수익

일부 인플루언서는 다음과 같은 방식으로 추가 수익을 얻습니다.

- 특정 상품 공동구매 진행
- 개인 쇼핑몰 또는 스마트스토어 연계 판매
- 제휴 링크를 통한 판매 수수료 수익

이 경우 단순 광고 수익이 아니라, 구조에 따라 다음과 같이 분류될 수 있습니다.

- 중개수수료 수익
- 상품 판매에 따른 매출(도 · 소매업)

수익 구조에 따라 사업자 등록, 부가가치세 신고, 매출 관리가 필요해질 수 있습니다.

인스타그램 수익의 세금 처리 특징

인스타그램 수익은 대부분 다음과 같은 특징을 가집니다.

- 메타 플랫폼을 통해 수익과 세금을 정산(미국세법 적용)
- 광고주, 에이전시, 국외 플랫폼 등 지급 주체가 다양함
- 현금+현물 수익이 혼합되는 경우가 많음

따라서 인스타그램 인플루언서는 아래 항목을 스스로 정리하여 종합소득세 신고에 반영해야 합니다.

- 입금 내역
- 계약서
- 협찬 내역
- 제공받은 제품 목록과 시가

이를 관리하지 않으면 소득 누락으로 인한 가산세 부과 위험이 높아질 수 있습니다.

기타 영상 플랫폼 수입 구조

유튜브, 숲, 틱톡, 치지직 외에도 다양한 영상 플랫폼이 존재하며, 플랫폼이 달라도 수익이 발생하는 기본 구조는 대부분 비슷합니다. 즉, 다음과 같은 흐름을 따르게 됩니다.

콘텐츠 업로드 또는 라이브 방송
→ 시청자 유입
→ 광고 노출 또는 후원 발생
→ 플랫폼을 통한 정산

기타 영상 플랫폼의 대표적인 수익 형태

다른 영상 플랫폼에서도 크리에이터의 주요 수익 원은 다음과 같습니다.

- 영상 조회수에 따른 광고 수익
- 라이브 방송 중 시청자가 보내는 후원금
- 구독 기능을 통한 정기 수익
- 플랫폼 자체 리워드 또는 보너스 수익

플랫폼마다 명칭이나 세부 구조는 다르지만, 실질적으로는 '광고 수익+후원 수익'이 핵심이라고 볼 수 있습니다.

정산 방식의 공통적인 특징

대부분의 플랫폼은 다음과 같은 방식으로 수익을 지급합니다.

- 월 단위 또는 일정 금액 이상 누적 시 정산
- 플랫폼 내 전용 정산 시스템 사용

- 국외 플랫폼의 경우 외화 계좌 또는 결제대행사를 통한 지급

특히 국외 플랫폼의 경우는 다음과 같은 구조를 가지는 경우가 많습니다.

- 달러 등 외화로 지급
- 페이팔, 페이오니아 등 결제대행사를 경유
- 환율 적용 후 원화 입금

세금 처리 시 주의해야 할 점

기타 영상 플랫폼 수익의 공통적인 특징은 다음과 같습니다.

- 플랫폼에서 세금을 미리 떼지 않는 경우가 많음
- 지급 명세서를 제공하지 않는 경우도 있음
- 수익 내역을 크리에이터 본인이 직접 관리해야 함

따라서 다음 자료를 평소에 정리해 두는 것이 중요합니다.

- 플랫폼 정산 화면 캡처 또는 정산 내역 파일
- 결제대행사 입금 내역
- 환율 적용 기준 자료
- 후원 내역

이 자료들은 종합소득세 신고 시 수입 금액을 입증하는 근거 자료로 활용됩니다.

플랫폼이 달라도 세금 원칙은 같습니다

어떤 플랫폼에서 수익이 발생하든, 세법상 원칙은 동일합니다.

- 국내에서 활동하는 경우 → 종합소득세 신고 대상
- 반복적 · 계속적 수익 발생 → 사업소득으로 분류 가능성 높음
- 후원금 · 광고 수익 모두 과세 대상 소득

플랫폼 이름이 다르다고 해서 세금이 달라지는 것은 아니며, '어디서 받았느냐'보다 '어떤 성격의 수입이냐'가 더 중요합니다.

MCN과 협업한다면

크리에이터로 활동하다 보면 "MCN에 들어가 볼 생각 없나요?"라는 제안을 받는 경우가 많습니다. MCN은 크리에이터의 활동을 지원하는 전문 관리 회사로, 일정 조건에 따라 수익을 함께 나누는 구조를 갖고 있습니다.

MCN 회사란 무엇인가요?

MCN은 'Multi Channel Network(다중채널네트워크)'의 약자입니다. 쉽게 말해 1인 콘텐츠 창작자(크리에이터)와 제휴하여 광고 영업, 마케팅, 콘텐츠 유통, 저작권 관리, 정산, 법률·세무 지원 등을 해주는 회사라고 이해하시면 됩니다. 연예인의 활동을 관리하는 기획사와 유사한 역할을 합니다. 크리에이터는 콘텐츠 제작에 집중하고, MCN은 수익화와 사업적인 부분을 지원하는 구조입니다.

크리에이터는 왜 MCN에 소속되나요?

초보 크리에이터가 MCN에 소속되는 대표적인 이유는 다음과 같습니다.

- 광고 및 협찬 제안 연결
- 브랜드 계약 협상 대행
- 플랫폼 정산 관리
- 저작권 문제 대응
- 촬영 · 편집 · 장비 지원
- 법률 · 세무 상담 지원

특히 혼자 활동하면서 광고 계약이나 세금 문제를 처리하기 어려운 경우, MCN의 도움을 받으면 부담이 줄어드는 장점이 있습니다.

MCN의 수익 구조

MCN의 기본적인 수익 구조는 다음과 같습니다.

- 크리에이터가 벌어들인 수익을
→ 일정 비율로 나누어 가지는 방식

일반적으로 많이 알려진 비율은 크리에이터 70%, MCN 30% 정도지만, 이는 절대적인 기준은 아니며, 다음 요소에 따라 달라질 수 있습니다.

- 크리에이터의 인지도와 구독자 수
- MCN이 제공하는 지원 범위
- 전속 계약 여부
- 계약 기간

따라서 계약 전에는 반드시 다음 사항들을 꼼꼼히 확인해야 합니다.

- 수익 배분 비율
- 정산 주기
- 계약 해지 조건

- 지원 내용

MCN에 소속되면 세금은 어떻게 되나요?

MCN 소속 여부와 관계없이, 세금 신고 의무는 크리에이터 본인에게 있습니다. 다만 구조에 따라 다음과 같이 달라질 수 있습니다.

① MCN이 수익을 먼저 받고 나눠주는 경우

- MCN → 크리에이터에게 정산금 지급
- 사업소득 또는 기타소득으로 처리
- 원천징수 여부 확인 필요

② 플랫폼에서 크리에이터에게 직접 지급하는 경우

- 광고 수익은 개인 계좌로 입금
- MCN에는 별도로 수수료 지급

구조에 따라 세금계산서 발행 여부, 원천징수 여부, 부가가치세 처리 방식이 달라질 수 있으므로,

계약 구조를 정확히 이해하는 것이 매우 중요합
니다.

대표적인 MCN 회사들

국내에는 다양한 MCN 회사들이 활동하고 있습
니다. 대표적인 회사는 다음과 같습니다.

- 다이아TV(CJ ENM 운영)
- 샌드박스 네트워크
- 트레져헌터
- 레퍼리
- 비디오빌리지

각 회사마다 지원 방식, 계약 조건, 수익 배분 구
조, 주력 콘텐츠 분야가 다릅니다. 그러니 단순히
유명하다는 이유만으로 선택하기보다는 본인의
콘텐츠 성향과 잘 맞는지를 검토하는 것이 중요합
니다.

틱톡 에이전시와 협업한다면

최근 틱톡 플랫폼에서는 에이전시의 역할이 빠르게 확대되고 있습니다. 그 이유는 틱톡이 크리에이터 개인뿐 아니라, 에이전시에게도 별도의 관리 수익(에이전시 수수료)을 지급하는 구조로 운영하고 있기 때문입니다.

이로 인해 많은 틱톡 라이브 크리에이터들이 혼자 활동하기보다는, 에이전시와 협업하는 방식을 선택하고 있습니다.

틱톡 에이전시는 어떤 역할을 하나요?

틱톡 에이전시는 다음과 같은 역할을 수행합니다.

- 라이브 방송 운영 방법 교육
- 방송 시간 관리 및 콘텐츠 기획 지원
- 시청자 유입 전략 제공
- 후원 수익 극대화 방식 안내
- 정산 절차 안내
- 계정 관리 및 문제 발생 시 대응

쉽게 말해 '틱톡 라이브 방송을 더 잘할 수 있도록 도와주는 운영 파트너'라고 이해하시면 됩니다.

MCN과 무엇이 다른가요?

구조는 MCN과 유사하지만, 차이점이 있습니다.

- MCN: 유튜브·인스타그램 등 다양한 플랫폼 전반을 관리
- 틱톡 에이전시: 틱톡 라이브 수익에 특화된 관리 회사

즉, 틱톡 에이전시는 틱톡 라이브 수익을 전문적으로 관리하는 전용 파트너에 가깝습니다.

수익은 어떻게 나누나요?

틱톡 라이브 수익 구조는 다음과 같습니다.

- 시청자 후원 발생
  → 틱톡 플랫폼 수수료 차감
  → 에이전시 몫 차감
  → 나머지를 틱톡커에게 지급

에이전시 수수료 비율은 계약마다 다르며, 보통 일정 비율(예: 10~30%)을 에이전시가 가져가고, 나머지를 크리에이터에게 지급하는 구조입니다.
정확한 비율은 다음 요소에 따라 달라집니다.

- 크리에이터의 방송 규모
- 라이브 수익 수준
- 에이전시가 제공하는 지원 범위
- 계약 기간

틱톡 에이전시에 소속되면 좋은 점

초보 크리에이터 입장에서는 다음과 같은 장점이 있습니다.

- 라이브 방송 방법을 빠르게 배울 수 있음
- 초기 시청자 확보에 도움
- 정산 과정에서의 실수 감소
- 혼자서 처리하기 어려운 플랫폼 규정 대응 가능

특히 라이브 방송이 처음인 경우, 에이전시의 지원이 큰 도움이 될 수 있습니다.

주의해야 할 점

틱톡 에이전시에 소속되었다고 해서 세금 문제가 사라지는 것은 아닙니다. 오히려 구조가 복잡해질 수 있습니다.
대표적인 유형은 다음과 같습니다.

① 에이전시가 먼저 수익을 받고 나눠주는 경우

- 에이전시 → 틱톡 호스트에게 정산금 지급
- 사업소득 또는 기타소득으로 처리
- 원천징수 여부 확인 필요

② 결제대행사에서 크리에이터에게 직접 지급하는
경우

- 틱톡 호스트 계좌로 직접 입금
- 에이전시에게 별도 수수료 지급

이 경우 실제 수입 금액이 얼마인지, 에이전시 수수료는 비용 처리 가능한지, 원천징수가 되었는지 여부를 반드시 확인해야 합니다.

특히 틱톡 수익은 원천징수가 되지 않는 경우가 많아, 본인이 직접 수입을 정리해 종합소득세 신고에 반영해야 합니다.

전문 세무사가 필요할까?

크리에이터의 수익은 단순한 '영상 조회수 수입'에만 그치지 않습니다. 활동이 늘어날수록 수익의 형태도 함께 다양해지는 경우가 대부분입니다.

대표적인 수익 유형은 다음과 같습니다.

- 광고·협찬 수익: 브랜드 제휴, 콘텐츠 광고료, 라이브 방송 협찬
- 커머스 수익: 스마트스토어, 자사몰, 인스타그램 샵, 라이브 커머스 판매
- 강의·컨설팅 수익: 노하우 판매, 교육 콘텐츠 제공
- IP·저작권 수익: 콘텐츠 저작권, 굿즈 제작, 캐릭터·상표 라이선스 수입

- 기타 수익: 행사 출연료, 후원금·도네이션, 국외 플랫폼 수익

겉으로 보면 모두 '내가 번 돈'이지만, 세법에서는 이 수익들을 서로 다른 성격의 소득으로 봅니다.

수익마다 달라지는 세금 계산 방식

같은 금액을 벌어도 사업소득인지, 기타소득인지, 인적용역 소득인지, 국내 소득인지, 국외 소득인지에 따라 다음이 모두 달라집니다.

- 신고 방법
- 원천징수 여부
- 부가가치세 과세 여부
- 필요 경비 인정 범위
- 실제 부담하는 세금 금액

초보 크리에이터가 가장 많이 겪는 상황은 다음과 같습니다.

- 수익 종류를 잘못 분류하여 세금을 더 많이 내는 경우
- 국외 수익을 신고하지 않아 가산세가 붙는 경우
- 현물 협찬을 소득으로 신고하지 않아 누락되는 경우
- 부가가치세 신고 대상임을 몰라 뒤늦게 추징당하는 경우

혼자 처리하면 위험할까?

처음에는 수익이 적어 보여서 직접 신고하는 분들도 많습니다. 하지만 수익 구조가 복잡해질수록 다음 문제가 생기기 쉽습니다.

- 여러 플랫폼 수익이 섞여 관리가 어려워짐
- 원화 · 달러 · 포인트 등 통화 단위가 달라 정리가 어려움
- 경비로 처리할 수 있는 항목을 놓침
- 사업자 전환 시기를 놓침
- 불필요하게 높은 세율을 적용받음

이러한 실수는 대부분 '몰라서' 발생합니다.

전문 세무사는 무엇을 해주는가?

크리에이터 전문 세무사는 단순히 세금 신고만 대행하지 않습니다. '어떤 구조로 벌고, 어떤 방식으로 신고하느냐'를 설계해 줍니다. 주요 역할은 다음과 같습니다.

- 수익 항목별 소득 유형 구분
- 사업자 등록 여부 판단
- 부가가치세 과세 · 면세 구분
- 국외 수익 신고 구조 설계
- MCN · 에이전시 계약 구조에 따른 세무 처리 설계
- 필요 경비 항목 정리
- 향후 세무조사 리스크 최소화

언제 세무사를 찾아야 할까?

다음 중 하나라도 해당된다면, 전문 세무사 상담을 권장합니다.

- 플랫폼이 2곳 이상으로 늘어났을 때
- 월 수익이 일정 수준(예: 수백만 원 이상)으로 올라갔을 때
- 협찬 · 광고 · 커머스 수익이 생겼을 때
- 국외 플랫폼 수익이 발생했을 때
- MCN 또는 에이전시와 계약을 하려고 할 때
- 개인사업자 등록을 고민 중일 때

PART 2

크리에이터의 사업자 등록

크리에이터로서 수익이 발생하기 시작하면 가장 먼저 검토해야 할 사항이 사업자등록 여부입니다. 수익 규모가 크지 않더라도 활동이 반복적·지속적으로 이루어진다면 세법상 사업자로 판단될 수 있으며, 이 경우 사업자등록을 하지 않은 상태에서의 신고는 추후 세무상 문제로 이어질 수 있습니다.

이번 장에서는 크리에이터가 언제 사업자등록을 해야 하는지, 개인사업자와 법인사업자 중 어떤 형태가 적합한지, 그리고 사업자등록 단계에서 반드시 고려해야 할 핵심 포인트는 무엇인지 정리해 보겠습니다.

크리에이터가 사업자등록을 해야 하는 이유

세법에서는 "영리를 목적으로, 자기의 계산과 책임 하에, 계속적·반복적으로 행하는 활동을 통해 얻는 소득"을 사업소득으로 규정합니다. 취미처럼 가끔 번 돈이 아니라 스스로 콘텐츠를 만들고, 그 결과로 반복적으로 수익이 발생한다면 그 활동은 '사업'으로 본다는 의미입니다.

부가가치세법 제 8조 사업자등록

① 사업자는 사업장마다 대통령령으로 정하는 바에 따라 사업 개시일부터 20일 이내에 사업장 관할 세무서장에게 사업자등록을 신청하여야 한다. 다만, 신규로 사업을 시작하려는 자는 사업 개시일 이전이라도 사업자등록을 신청할 수 있다.

크리에이터 수익은 언제 '사업소득'이 될까?

유튜버나 스트리머, 인플루언서의 수입이 다음과 같은 경우라면, 세법상 사업소득에 해당할 가능성이 매우 높습니다.

- 특정 플랫폼에서 계속 수익이 발생하는 경우
- 광고, 협찬, 후원, 구독료 등 다양한 형태의 수익이 반복되는 경우
- 콘텐츠 제작을 사실상 본업으로 삼은 경우
- 다른 직업이 있더라도 부업 형태로 꾸준히 수익이 발생하는 경우

즉, 전업 크리에이터이든, 직장인 겸업 크리에이터이든 '계속적으로 수익이 발생한다면' 사업자로 보는 것이 원칙입니다.

'일시적인 수입'과는 무엇이 다를까?

다음과 같은 경우는 일반적으로 사업자 등록 대상이 아닐 수 있습니다.

- 한 번만 받은 상금
- 우연히 발생한 단발성 협찬
- 테스트 삼아 올린 영상 하나로 생긴 소액 수익

이처럼 우발적 · 일시적인 수입은 기타소득으로 처리되는 경우가 많습니다.

하지만 매달 정산이 들어오고, 구독자나 시청자를 늘리기 위해 지속적으로 콘텐츠를 제작하며, 광고나 후원을 염두에 두고 활동한다면 이미 '사업 활동'에 해당한다고 보는 것이 안전합니다.

사업자 등록을 하지 않으면 어떤 문제가 생기나?

사업자 등록 대상임에도 등록하지 않고 활동할 경우 다음과 같은 문제가 발생할 수 있습니다.

- 사업소득인데 기타소득으로 잘못 신고
- 부가가치세 신고 누락
- 무등록 사업자에 대한 가산세 부과
- 세무조사 시 불리한 소명 부담
- 플랫폼 또는 광고주와의 계약에서 불이익 발생

　특히 수익이 커질수록 '왜 사업자 등록을 하지 않았는지'에 대한 소명이 필요해질 수 있습니다.

초보 크리에이터를 위한 기준 정리

다음 중 여러 개에 해당된다면, 사업자 등록을 검토하는 것이 좋습니다.

- 매달 또는 정기적으로 플랫폼 정산을 받는다
- 광고 · 협찬 제안을 받고 있다
- 라이브 후원이나 구독 수익이 발생한다
- 굿즈, 강의, 공동구매 등을 계획하고 있다
- 향후 크리에이터 활동을 직업으로 이어가고 싶다

창작자의 업종코드 선택법

사업자등록을 할 때 어떤 업종코드를 선택하느냐는 매우 중요합니다. 업종코드는 단순한 분류 번호가 아니라, 다음과 같은 세무 판단의 기준이 됩니다.

- 소득세 신고 시 적용되는 경비율(신고 성실도 판단 기준)
- 창업중소기업 세액감면 대상 여부
- 중소기업 특별세액감면 적용 여부
- 고용 관련 정부지원금 및 각종 정책자금 신청 가능 여부
- 부가가치세 과세 · 면세 판단

즉, 업종코드를 어떻게 등록하느냐에 따라 세금 부담과 정부 혜택에서 유리해질 수도, 불리해질 수도 있습니다.

크리에이터 업종코드는 언제 생겼을까?

2019년 9월 이전까지만 해도 국세청 업종코드 체계나 한국표준산업분류표에는 유튜버·크리에이터·MCN 회사에 대한 별도의 업종코드가 존재하지 않았습니다. 하지만 1인 미디어 산업이 빠르게 성장하면서, 2019년 9월 신종업종 업종코드 개편을 통해 크리에이터 전용 업종코드가 신설되었습니다.

현재 크리에이터가 주로 사용하는 업종코드는 921505, 940306 이렇게 두 가지입니다.

업종코드 첫 번째: 921505(미디어콘텐츠창작업)

기본 개념

인적 또는 물적 시설을 갖추고 활동하는 크리에이

터가 사용하는 업종코드입니다. 예를 들면 다음에
해당하는 경우입니다.

- 사무실 또는 스튜디오가 있음
- 직원, 편집자, 촬영 인력이 있음
- 촬영 장비 · 편집 장비 등 사업용 자산을 갖추고
  운영함

업종 정보

- 기준경비율코드: 921505
- 중분류명: 영상 · 오디오 기록물 제작 및 배급업
- 세분류명: 영화, 비디오물 및 방송 프로그램 제
  작업
- 세세분류명: 미디어콘텐츠창작업
- 업태명: 정보통신업
- 적용 범위: 인적 또는 물적 시설을 갖추고, 인터
  넷 기반으로 영상 콘텐츠 등을 창작하여 영상 플
  랫폼에 업로드하고 수익이 발생하는 산업 활동

일반적인 전업 유튜버, 법인 크리에이터, 규모 있
는 크리에이터는 대부분 이 코드에 해당합니다.

업종코드 두 번째:
940306(1인미디어콘텐츠창작자)

기본 개념

인적 · 물적 시설 없이 혼자 활동하는 크리에이터에게 적용되는 코드입니다. 예를 들면 다음에 해당하는 경우입니다.

- 집에서 혼자 촬영 · 편집
- 직원 없음
- 사무실 없음
- 장비도 개인용 수준

업종 정보

이 코드는 면세사업자 형태로 등록하는 경우가 많으며, 플랫폼이나 광고주로부터 3.3% 원천징수 후 수령하는 구조에서 자주 사용됩니다.

- 기준경비율코드: 940306
- 중분류명: 인적용역
- 세분류명: 기타자영업
- 세세분류명: 1인미디어콘텐츠창작자

- 업태명: 협회 및 단체, 수리 및 기타 개인서비스업
- 적용 범위: 인적 또는 물적 시설 없이, 인터넷 기반으로 영상 콘텐츠를 창작하여, 플랫폼에 업로드하고 수익이 발생하는 활동(유튜버, BJ, 크리에이터 등 포함)

언제 어떤 업종코드를 써야 할까?

사업자등록을 하는 경우, 전업 유튜버와 같이 인적 또는 물적 시설을 갖추고 콘텐츠 제작을 업으로 영위하는 경우에는 업종코드 921505(미디어콘텐츠창작업)로 등록하는 것이 일반적입니다.

반면 영상 플랫폼에서 수익을 지급받을 때 3.3%의 프리랜서 용역소득으로 원천징수되는 구조로 활동하는 경우에는 업종코드 940306(1인미디어콘텐츠창작자)가 적용됩니다.

또한 사무실이나 직원 등 별도의 인적·물적 시설 없이 혼자 활동하는 크리에이터 역시 940306 코드로 면세사업자 형태의 사업자등록이 가능합니다.

크리에이터 업종코드 선택 기준 비교표

구분	업종코드 921505 (미디어콘텐츠창작업)	업종코드 940306 (1인미디어콘텐츠창작자)
활동 형태	전업 크리에이터	혼자 활동
수익 규모	비교적 큼, 지속적으로 증가	비교적 작음
인력 구성	직원 또는 외주 인력 있음	직원·외주 인력 없음
사업 환경	스튜디오, 사무실, 촬영 공간 보유	별도 사업 공간 없음
수익 구조	광고·협찬·커머스 등 다양함	플랫폼 수익 중심
정산 방식	사업자 정산 구조	플랫폼에서 3.3% 원천징수
향후 계획	사업 규모를 키울 계획 있음	부업 또는 소규모 활동

한편, 유튜버와 크리에이터의 수익 구조는 구글 애드센스를 비롯한 영상 플랫폼 수입에만 국한되지 않습니다.

본인의 채널에서 PPL 형태로 제품이나 서비스를 직접 또는 간접적으로 노출하고 그 대가를 받는 광고 수익, 인스타그램·유튜브 등 SNS를 활용한 공동구매 수익 등 다양한 형태의 추가 수입이 함께 발생하는 경우가 많습니다.

이 중 광고대행업에 해당하는 수입이 있는 경우에는 업종코드 743002(전문·과학 및 기술서비스업/광고대행업)를 추가로 등록하는 것이 일반적입니다.

또한 인스타그램, 유튜브 등 각종 SNS를 활용한 공동구매나 인플루언서형 판매 수익이 있는 경우에는 업종코드 525104(도·소매업 / SNS마켓업)를 함께 추가할 수 있습니다.

이 외에도 활동 내용에 따라 다음과 같은 업종코드가 추가로 적용될 수 있습니다.

- 연예인 등 인적용역 제공: 940302
- 강의·교육 콘텐츠 제공: 930915(교육서비스업)

크리에이터는 하나의 업종코드만 사용하는 것이 아니라, 실제 수익 구조에 맞추어 여러 업종코드를 병행 등록하거나 추후 추가·변경하는 경우도 많습니다.

인적, 물적 시설 요건

인적·물적 시설의 보유 여부는 크리에이터가 면세사업자인지, 과세사업자인지를 판단하는 중요한 기준이 됩니다. 일반적으로 다음과 같은 경우에는 인적·물적 시설이 없는 것으로 보아 부가가치세 면세사업자에 해당할 가능성이 높습니다.

- 직원을 고용하지 않은 경우
- 별도의 스튜디오나 사무실이 없는 경우
- 개인 주택 등에서 혼자 콘텐츠를 제작·편집하는 경우

반대로 직원이 있거나 전용 사무실·스튜디오·촬영 공간 등 사업을 위한 물적 설비를 갖추고 있다면, 과세사업자로 분류될 가능성이 높아집니다. 따라서 사업자등록 시에는 본인의 실제 활동 형태와 시설 보유 여부를 기준으로, 면세·과세 사업자 구분을 신중히 검토해야 합니다.

서면-2018-법령해석부가-2159 [법령해석과-527]

개인이 독립된 자격으로 주소지에서 물적 시설 없이 근로자를 고용하지 아니하고 인터넷 개인방송 용역을 공급하면서 그 성과에 따라 대가를 받는 경우 「부가가치세법」 제26조제1항제15호 및 같은 법 시행령 제42조제1호파목에 따라 부가가치세가 면제되는 것이며, 「소득세법」 제168조제1항에 따라 면세사업자로 등록 할 수 있는 것이나 해당 면세사업과 관련하여 부담한 부가가치세액은 「부가가치세법」 제39조제1항제7호에 따라 공제(환급)받을 수 없는 것임

- 질의인은 인터넷 방송 사이트인 아프리카TV에서 노래 및 악기연주를 주소재로 하여 개인방송을 진행하고 있으며
  - 해당 방송의 시청자가 지급하는 사이버머니(별풍선)는 아프리카TV 플랫폼 사업자가 환전하여 수수료 공제 및 사업소득세 원천징수 후 질의인에게 송금함

- 질의인은 구글애드센스에 가입하여 구글이 운영하는 유투브 사이트에 위 개인방송 관련 영상을 지속적으로 등록하고 있으며
  - 구글은 해당 영상에 광고를 게재하여 발생하는 수익 중 일부를 질의인의 외환계좌를 통하여 송금함

- 질의인은 컴퓨터, 카메라 외 별다른 설비 없이 주소지에서 혼자 방송용역을 공급하고 있으며, 주택 임차료(월세), 관리비, 차량 주유비, 식대, 지방 출장시 숙박요금 등 비용이 발생함

크리에이터는 일반과세자?
아니면 간이과세자?

사업을 시작하기로 마음먹었다면 가장 먼저 해야 할 일은 국세청에 사업자등록을 하는 것입니다. 이때 많은 크리에이터분들이 고민하는 부분이 바로 "일반과세자로 해야 할까, 간이과세자로 해야 할까?"라는 선택입니다.

이는 단순한 형식의 문제가 아니라 부가가치세 부담, 세금계산서 발행 여부, 향후 세무 관리 방식에 직접적인 영향을 미칩니다.

일반과세자 vs. 간이과세자

일반과세자와 간이과세자는 다음 기준에 따라 구

분됩니다.

- 매출 규모
- 부가가치세 계산 방식
- 신고 횟수
- 세금계산서 발행 의무

일반과세자

① 대상

다음에 해당하는 경우 일반과세자가 됩니다.

- 연 매출액이 1억 400만 원을 초과하는 사업자
- 변호사, 의사 등 전문직 업종
- 그 외 대부분의 일반 사업자

크리에이터 중에서도 광고 · 협찬 · 커머스 수익이 커지면 일반과세자로 전환되는 경우가 많습니다.

② 부가가치세

매출액의 10%를 부가가치세로 부과합니다. 다만 사업 운영 중 지출한 비용에 포함된 부가세(매입세액)는 공제 가능합니다. 즉, 다음과 같은 구조입니다.

- **받은 부가세 - 낸 부가세 = 실제 납부할 세금**

촬영 장비, 편집 프로그램, 사무실 임대료 등 지출이 많은 경우에는 유리할 수 있습니다.

③ 신고

부가가치세 신고는 연 4회(1월, 4월, 7월, 10월) 실시합니다. (개인사업자 및 일부 소규모 법인은 고지 방식으로 일부 대체)

④ 세금계산서 발행

의무 발행 대상입니다. 발행하지 않으면 가산세 부과 가능합니다. 광고주나 기업과 거래하는 경우 대부분 세금계산서를 요구합니다.

⑤ 특징 요약

- 매입세액 공제 가능 → 비용이 많을수록 유리
- 거래처 신뢰도 높음
- 신고 절차 복잡

- 부가세 부담 상대적으로 큼

간이과세자

① 대상

연 매출액이 1억 400만 원 이하인 소규모 사업자입니다. 유튜브 애드센스 등 외화 수입은 주로 부가세 0%(영세율)가 적용되기 때문에, 초기, 부업 크리에이터인 경우에도 간이과세자보다는 일반과세자를 택하는 것이 더 유리할 수 있습니다.

② 부가가치세

업종별로 1.5~4%의 낮은 세율을 적용합니다. 단, 매입세액 공제는 거의 불가능합니다. 즉, 지출한 비용에 포함된 부가세를 돌려받지 못합니다.

③ 신고

부가가치세 신고는 연 1회(1월) 실시합니다.

④ 세금계산서 발행

직전 연도 공급대가 4,800만 원 미만이면 세금계산서 발행 의무가 없습니다. 대신 영수증·간이영수증을 발급해야 합니다. 단, 카드결제나 현금영수증 매출은 국세청에 자동으로 집계됩니다.

⑤ 특징 요약

- 세율 낮음 → 세금 부담 적음
- 신고 간단
- 세금계산서 발행 어려움
- 매입세액 공제 불가
- 규모가 커지면 일반과세자로 전환됨

선택 기준

크리에이터 기준으로 보면 간이과세자가 어울리는 경우는 다음과 같습니다.

- 이제 막 시작한 크리에이터
- 수익 규모가 크지 않음
- 광고 · 협찬보다 플랫폼 수익 위주
- 개인 작업, 소규모 활동
- 국내 플랫폼에서 후원금 수입이 있는 경우

일반과세자가 어울리는 경우는 다음과 같습니다.

- 광고 · 협찬 거래가 많음
- 기업과 계약이 잦음
- 장비 · 외주 · 사무실 등 비용이 큼
- 수익이 빠르게 증가 중
- 구글 애드센스 등 해외 플랫폼에서 외화 수입이 있는 경우
- 광고주에게 세금계산서 발급이 필요한 경우

사업자등록 시 과세 유형 선택은 단순한 형식이 아니라, 앞으로의 세금 부담, 거래 방식, 사업 확장 가능성까지 좌우하는 결정입니다.

처음에는 간이과세자로 시작하더라도 수익 구조가 바뀌면 일반과세자로 전환할 수 있으므로, 현재 상황 및 1~2년 후 계획을 함께 고려해 선택하는 것이 가장 현실적인 방법입니다.

일반과세자 vs. 간이과세자

항목	일반과세자	간이과세자
연 매출 기준	1억 400만 원 초과	1억 400만 원 이하
부가세 세율	10%	업종별 1.5~4%
부가세 신고 횟수	연 4회(분기별)	연 1회(1월)
매입세액 공제	가능	불가능
세금계산서 발행 의무	있음	없음(영수증 발급)

과세사업자와 면세사업자 중 뭐가 유리할까?

사업자등록을 할 때 또 하나 고민하게 되는 부분이 바로 "나는 과세사업자일까, 면세사업자일까?"입니다. 이 구분은 부가가치세를 내느냐, 내지 않느냐의 차이이며, 크리에이터의 세금 부담과 사업 구조에 큰 영향을 미칩니다.

면세사업자란?

면세사업자란 부가가치세만 면제되는 사업자를 말합니다. 즉, 다음과 같은 구조입니다.

- 부가가치세: 납부하지 않음

- 종합소득세(개인) 또는 법인세(법인): 일반 사업
  자와 동일하게 납부

또한 면세사업자는 다음과 같은 특징이 있습니다.

- 매출에 부가가치세를 붙이지 않음
- 대신 물건이나 서비스를 구입할 때 지출한 부가
  가치세를 공제·환급받을 수 없음

면세사업자의 불리한 점

면세사업자는 단순해 보이지만, 다음과 같은 단점이 있습니다.

매입세액 공제 불가능

촬영 장비, 컴퓨터, 조명, 편집 프로그램, 외주비 등 사업 운영에 필요한 지출이 많아도 그 안에 포함된 부가가치세를 돌려받을 수 없습니다. 초기 투자 비용이 큰 크리에이터라면 오히려 세금 부담이 커질 수 있습니다.

수출 구조에서는 과세사업자가 더 유리

미디어콘텐츠창작업(업종코드 921505)으로 등록한 경우, 국외 플랫폼(구글 애드센스 등)을 통한 수익은 수출 거래로 보는 경우가 많습니다.

이 경우 과세사업자는 다음과 같은 구조가 되어 오히려 매우 유리해질 수 있습니다.

- 매출 부가세 → 0%(영세율 적용)
- 매입 부가세 → 환급 가능

반면 면세사업자는 매입세액 환급이 불가능합니다.

면세사업자가 가능한 대표 업종

면세사업자는 모든 업종에서 선택할 수 있는 것은 아니며, 법에서 정한 특정 업종에 한해 인정됩니다. 대표적인 업종은 다음과 같습니다.

① 기초생활 필수품 관련 업종

- 정육점
- 농산물 판매업

- 연탄 판매
- 주택 임대업
- 여성 위생용품 판매 등

② 국민 후생 관련 용역

- 의료업(병원, 의원, 치과, 한의원 등)
- 학원 및 교육기관
- 대중교통
- 국민주택 건설업 등

③ 문화 관련 재화 및 용역

- 도서, 잡지, 신문
- 방송 · 통신 서비스
- 예술관, 박물관
- 문화예술행사 관련 서비스 등

크리에이터에게 중요한 포인트

크리에이터의 경우 다음과 같이 구분되는 경우가 많습니다.

- 업종코드 940306(1인미디어콘텐츠창작자) → 면
  세사업자 가능
- 업종코드 921505(미디어콘텐츠창작업) → 일반적
  으로 과세사업자

따라서 단순히 '세금을 안 내고 싶다'는 이유만으로 면세사업자를 선택하기보다는 다음 내역들을 고려해서 선택해야 합니다.

- 수익 구조
- 국외 수익 여부
- 초기 투자 규모
- 향후 사업 확장 계획

선택 기준

면세사업자는 부가가치세를 내지 않는 대신, 돌려받을 수 있는 세금도 포기하는 구조입니다. 특히 크리에이터처럼 장비 투자와 국외 수익이 많은 업종에서는 과세사업자가 오히려 세무상 더 유리해지는 경우도 많습니다.

사업자등록 단계에서 이 차이를 정확히 이해하고 선택하는 것이 이후 세금 부담을 크게 좌우하게 됩니다.

법인으로 전환해야 하나?

크리에이터로 활동하다 보면 어느 순간 이런 고민을 하게 됩니다.

"계속 개인사업자로 가도 될까?"

"법인으로 전환하는 게 더 유리할까?"

개인사업자와 법인사업자는 각각 장단점이 뚜렷하기 때문에, 현재 수익 규모와 앞으로의 계획에 따라 유리한 선택이 달라집니다.

지금부터 주요 차이점을 하나씩 살펴보겠습니다.

세율 차이

개인사업자

수익이 많아질수록 세금 부담이 빠르게 증가합
니다.

- 종합소득세 적용
- 6~45% 누진세율
- 소득이 커질수록 세율도 함께 올라감

법인사업자

법인은 회사가 법인세를 내고, 대표자는 급여를 받
으며 다시 근로소득세를 냅니다. 따라서 단순히 '법
인세율이 낮다'만 보고 판단하기보다는 '대표자의
급여+개인 세금'까지 함께 계산해야 실제 절세 여
부를 알 수 있습니다.

- 법인세 적용
- 10~25%의 비교적 완만한 세율

세무 처리의 복잡성

개인사업자

- 세무 구조가 비교적 단순
- 일정 매출 이상일 때만 복식부기 장부 작성
- 세무대행 비용도 상대적으로 저렴

법인사업자

- 재무제표 작성 필수
- 법인세 신고
- 급여, 배당 처리
- 주주 관리 등 행정 절차 복잡
- 그만큼 기장료(세무대행 비용)도 개인사업자보다 높음

인건비 처리

개인사업자

- 대표자 본인의 급여 → 비용 처리 불가

- 사업의 이익=곧 대표자의 소득

법인사업자

법인 이익을 줄이면서 세금을 조절할 수 있어 구조적으로 절세 설계가 가능합니다.

- 대표이사 및 임원 급여→비용 처리 가능

사업의 연속성

개인사업자

- 대표자 개인에게 사업이 귀속
- 사망·폐업 시 사업 종료

법인사업자

콘텐츠 사업을 브랜드화하거나, 채널을 하나의 자산으로 키우려는 경우 법인이 유리합니다.

- 법인 자체가 하나의 주체
- 대표자 변경 가능
- 장기간 사업 유지 가능

이익 분배 방식

개인사업자

- 수익=대표자 개인 소득
- 별도 분배 절차 없음

법인사업자

- 이익 → 배당 형태로 지급 가능
- 배당소득세 추가 발생 가능

정부 지원 및 혜택

법인사업자는 다음과 같은 부분에서 유리한 경우가 많습니다.

- 창업 중소기업 세액감면
- 정부 지원 사업 참여
- 정책자금 · 투자 유치
- 각종 R&D · 콘텐츠 산업 지원 프로그램

특히 콘텐츠 산업·IT·미디어 분야는 법인 대상 지원 사업이 많은 편입니다.

크리에이터 기준으로 정리하면 개인사업자가 어울리는 경우는 다음과 같습니다.

- 1인 운영
- 수익 규모가 아직 크지 않음
- 부업 또는 초기 단계
- 구조 단순하게 운영하고 싶음

법인사업자가 어울리는 경우는 다음과 같습니다.

- 수익이 꾸준히 커지고 있음
- 직원·외주 인력 활용
- 광고·커머스 규모 확대
- 브랜드화, 투자, 사업 확장 계획 있음

개인사업자와 법인사업자는 '어느 쪽이 더 좋다'의 문제가 아니라 지금의 단계에 무엇이 맞느냐의 문제입니다. 대부분의 크리에이터는 '개인사업자 → 수익 성장 → 법인 전환'의 순서를 밟습니다.

처음부터 법인이 정답은 아니지만 일정 규모를

넘어서면 법인이 훨씬 유리해지는 순간이 옵니다. 그 시점을 놓치지 않는 것이 세무 전략의 핵심입 니다.

개인사업자 vs. 법인사업자

	개인사업자	법인사업자
세율	누진세율 (6%~45%)	법인세율 (10%~24%)
세무 처리	간단	복잡 (재무제표, 법인세 신고)
자금 조달	개인 신용에 의존	외부 투자, 대출 용이
책임 범위	무한 책임	유한 책임
인건비 처리	사업주 급여 비용 처리 불가	대표이사 급여 비용 처리 가능
성장성	성장 시 세금 부담 증가	자본 확충 및 세금 절감 용이
사업의 연속성	대표자 사망 시 사업 종료	지속 가능
이익 분배	개인 소득으로 귀속	배당 형태로 분배, 소득세 발생
정부 지원 및 혜택	제한적	다양한 세제 혜택과 지원 가능

콘텐츠 창작자의 부가가치세 과면세 판단

사업자등록과 업종코드 선택은 단순한 행정 절차가 아니라 부가가치세 납부 여부와 각종 세제 혜택 적용 여부를 결정하는 중요한 기준이 됩니다.

특히 창업중소기업 세액감면, 중소기업 특별세액감면 등 주요 조세특례는 업종코드와 과세·면세 구분에 따라 적용 여부가 달라질 수 있으므로 다음 내용을 반드시 정확히 이해해야 합니다.

업종코드별 부가가치세 비교

구분	1인미디어콘텐츠창작자(940306)	미디어콘텐츠창작업(921505)
부가 가치세	면세	과세(영세율 적용)

국세청 업종 분류	서비스업	정보통신업
복식 부기 기준	7,500만 원	1억 5,000만 원

업종코드 940306: 면세사업자

업종코드 940306(1인미디어콘텐츠창작자)은 인터넷을 기반으로 영상 콘텐츠를 창작하여 플랫폼에 업로드하고 수익을 얻는다는 점에서는 미디어콘텐츠창작업(921505)과 동일한 성격이지만, 인적·물적 시설이 없는 경우에 적용되는 인적용역형 업종코드입니다.

이 업종으로 등록하면 다음과 같이 적용됩니다.

- 부가가치세: 면세
- 복식부기 의무 기준: 연 매출 7,500만 원

즉, 혼자 활동하며 별도의 사무실이나 직원이 없는 소규모 크리에이터는 940306 코드로 면세사업자가 되는 경우가 많습니다.

업종코드 921505: 과세사업자(영세율 가능)

업종코드 921505(정보통신업 / 미디어콘텐츠창작업)는 직원이 있거나, 사무실·스튜디오·촬영 공간 등 물적 시설을 갖추고, 콘텐츠 제작을 사업 형태로 운영하는 크리에이터에게 적용되는 코드입니다.

이 경우 부가가치세는 과세사업자가 됩니다. 다만 국외 플랫폼 수익에는 영세율(0%) 적용이 가능하다는 특징이 있습니다.

유튜브 수익과 영세율의 의미

유튜브 크리에이터는 구글 애드센스를 통해 매월 수익을 외화(달러)로 지급받게 됩니다. 이 수익은 세법상 '국외 사업자에게 제공하는 용역에 대한 대가' 즉 '수출 용역'으로 보아, 부가가치세 0%(영세율)가 적용됩니다.

즉, 매출은 과세 대상이지만 세율은 0%인 것입니다. 대신 장비 구입비, 프로그램 사용료 등 매입 부가세는 환급 가능한 구조가 됩니다. 이는 면세사업자와 비교했을 때 매우 큰 차이입니다.

국외 플랫폼 수익도 동일하게 적용

유튜브 외에도 틱톡, 트위치, 국외 스트리밍 플랫폼, 국외 광고 플랫폼 등에서 발생한 외화 수익 역시 영세율 적용 요건을 충족하는지, 증빙 자료가 있는지를 확인하여 부가가치세 신고 시 반영해야 합니다.

이를 제대로 처리하지 않으면 환급을 받지 못하거나 잘못된 면세 처리로 세무상 불이익이 발생할 수 있습니다.

부가가치세 과세·면세 선택 기준

부가가치세 과세 · 면세 판단은 단순히 '세금을 내느냐 마느냐'의 문제가 아니라 다음 사항들까지 좌우하는 중요한 선택입니다.

- 환급 가능 여부
- 정부 세제 혜택 적용 여부
- 향후 사업 구조

특히 크리에이터처럼 장비 투자 비용이 많고, 국외 플랫폼 수익이 있는 경우에는 과세사업자(921505)가 오히려 세무상 더 유리해지는 경우도 많습니다. 사업자등록 단계에서 자신에게 최적인 업종코드와 과세 유형을 정확히 선택하는 것이 이후 세무 관리의 출발점이 됩니다.

PART 3

크리에이터의
연간 세무 일정

크리에이터로 사업자등록을 했다면, 콘텐츠 제작만큼이나 중요한 것이 연간 세무 일정 관리입니다.

부가가치세, 종합소득세, 법인세 등 주요 신고 시기를 놓치지 않고 챙기는 것만으로도, 불필요한 가산세를 피할 수 있을 뿐 아니라 각종 공제와 감면을 통해 수백만 원에서 많게는 1,000만 원 이상까지 세금 부담을 줄이는 것도 충분히 가능합니다.

세무 일정은 단순히 '언제 세금을 내느냐'의 문제가 아니라, 어떤 준비를 언제까지 해 두느냐에 따라 실제로 내는 세금이 크게 달라지는 구조라고 이해하시는 것이 좋습니다.

이제부터 크리에이터 사업자가 반드시 알아두어야 할 연간 주요 세무 일정과 신고 기간, 그리고 그에 맞춰 챙겨야 할 실무형 절세 포인트를 하나씩 살펴보겠습니다.

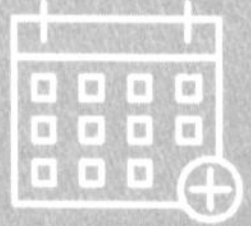

크리에이터
매월 정기 세무 일정

크리에이터 사업자의 매월 세무 일정은 주로 인건비와 관련된 신고 · 납부 업무로 구성됩니다. 다음 중 하나라도 해당된다면 매월 세무 신고 의무가 발생합니다.

- 4대 보험 가입 대상 직원이 있는 경우
- 외주 편집자 · 작가 · 디자이너 등에게 3.3% 사업소득세를 공제하고 비용을 지급하는 경우

이 경우 다음 세 가지를 정기적으로 처리해야 합니다.

- 국세청에 신고 · 납부하는 원천세

- 관할 지자체(구청 등)에 납부하는 지방소득세
- 국민연금 · 건강보험 · 고용보험 · 산재보험 등
  4대 사회보험료

매월 10일: 가장 중요한 날짜

매월 10일은 다음 항목의 신고 및 납부 기한입니다.
이 날짜를 놓치면 불이익이 큽니다.

- 원천세 신고 및 납부
- 지방소득세 신고 및 납부
- 4대 사회보험료 납부

특히 원천세는 신고 지연 시 원천징수 가산세
3%, 납부 지연 시 납부지연 가산세가 추가로 발생
합니다. 하루만 늦어도 가산세가 바로 부과되므로
반드시 기한을 지켜야 합니다.

매월 15일: 근로내용 확인신고

매월 15일까지 다음 신고를 해야 합니다.

- 고용보험 · 산재보험 관련 근로 내용 확인 신고

주로 다음 대상이 포함됩니다.

- 파트타이머
- 일용직 근로자

해당 내용은 근로복지공단에 신고합니다.

매월 말일: 지급명세서 제출

매월 말일까지 다음 자료를 제출해야 합니다.

- 전월에 지급한 사업소득(3.3%) 지급명세서
- 전월에 지급한 일용직 급여 지급명세서

이 자료는 국세청이 개인의 소득을 추적 · 관리

하는 핵심 자료이므로, 누락 없이 제출해야 합니다.

세무 대리인을 이용하는 경우

세무사에게 기장을 맡기고 있다면 원천세 신고, 4대 보험 신고, 지급명세서 제출 등의 업무는 대부분 세무대리인이 대신 처리해 줍니다.
크리에이터는 다음만 챙기면 됩니다.

- 인건비 지급 내역 전달
- 외주 인력 명단 관리
- 급여 · 용역비 지급 일정 공유

핵심 정리

매월 세무 일정은 복잡해 보이지만, 핵심은 다음 세 날짜입니다.

- 10일 : 세금 · 보험료 납부
- 15일 : 근로내용 신고

• 말일 : 지급명세서 제출

이 세 가지만 놓치지 않아도 불필요한 가산세를 피할 수 있고 세무 리스크를 크게 줄일 수 있습니다.

크리에이터 연간 세무 일정

다음은 크리에이터 사업자가 반드시 알아두어야 할 월별 주요 세무 일정입니다.

1월

부가가치세 확정 신고 (2기 확정)

① 대상 업종

미디어콘텐츠창작업(921505) 등 과세사업자

② 신고 대상 기간

- 개인사업자: 전년도 7~12월 (간이과세자는 1~12월)
- 법인사업자: 전년도 10~12월 (소규모 법인은 7~12월)

과세사업자는 사업장현황신고가 아니라 부가가치세 신고를 해야 합니다.

자동차세 연납 신청

- 원래 납부 시기: 매년 6월, 12월
- 1월에 1년 치를 선납하면 약 5% 세액 할인 가능

업무용 차량이 있는 크리에이터라면 반드시 챙길 만한 절세 항목입니다.

2월

면세사업자 사업장현황신고

- 대상: 1인미디어콘텐츠창작자(940306) 면세사업자
- 기한: 매년 2월 10일

비상장주식 양도세·증권거래세 신고 (법인)

- 대상: 법인사업자가 전년도 하반기(7~12월)에 비상장주식을 양도한 경우
- 기한: 2월 28일

근로소득자 연말정산

직원을 고용한 경우 다음 절차가 진행됩니다.

- 직원 연말정산 처리
- 근로소득 지급명세서 제출: 3월 10일까지
- 이자 · 배당 · 기타소득 지급명세서 제출: 2월 말까지
- 사업소득 · 퇴직소득 지급명세서 제출: 3월 10일까지

세무대리인이 있는 경우 대부분 알아서 처리해 줍니다.

3월

법인세 신고

크리에이터 법인, MCN 회사, 에이전시 법인 모두 해당됩니다.

- 대상: 12월 결산 법인
- 신고 기한: 3월 말
- 성실신고확인 대상 법인: 4월 30일까지

4월

부가가치세 예정신고(1기 예정)

- 개인사업자: 예정고지(전기 납부세액의 50%)
- 법인사업자: 1~3월 실적 기준 예정신고(소규모 법인 제외)

예정신고 및 조기환급 활용

다음 경우에는 예정신고 또는 조기환급 신청 가능합니다.

- 휴업 · 매출 급감(전기 대비 1/3 미만)
- 장비 · 시설 · 인테리어 등 대규모 투자 발생

5월

종합소득세 신고

① 대상

모든 개인사업자 및 프리랜서

② 신고 대상 소득

- 사업소득
- 근로소득
- 이자 · 배당소득
- 연금소득
- 기타소득
- 신고 기한: 5월 31일
- 성실신고확인 대상자: 6월 30일까지

청년창업 감면, 고용 관련 세액공제 등 대부분의 세제 혜택이 이 기간에 적용됩니다.

6월

① 성실신고확인대상자 종합소득세 신고 · 납부

② 재산 관련 세금 일정 개시
- 증여세: 증여일이 속한 달 말일부터 3개월 이내
- 양도소득세: 양도일이 속한 달 말일부터 2개월 이내
- 상속세: 상속개시일이 속한 달 말일부터 6개월 이내
- 재산세: 7월 16~31일 / 9월 16~30일

- 종합부동산세: 12월 1~15일

7월

부가가치세 확정 신고(1기 확정)

- 개인사업자: 1~6월 매출
- 법인사업자: 4~6월 매출(소규모 법인은 1~6월)

8월

법인세 중간예납

- 대상: 12월 결산 법인
- 기한: 8월 31일
- 전년도 법인세의 50% 선납
- 매출 급감 시 가결산 신고로 조정 가능

비상장주식 양도세·증권거래세 신고(상반기분)

- 대상 기간: 1~6월
- 기한: 8월 31일

9월

종합부동산세 합산배제·과세특례 신고

- 기한: 9월 30일

10월

부가가치세 예정 신고 (2기 예정)

- 개인사업자: 예정고지
- 법인사업자: 7~9월 실적 기준 예정신고
- 휴업 · 사업부진 · 대규모 투자 시 예정신고 또는 조기환급 가능

11월

종합소득세 중간예납

- 전년도 종합소득세의 50% 납부
- 다음 해 종합소득세 신고 시 공제됨

12월

종합부동산세 납부

- 납부 기한: 12월 15일

연간 세무 일정 핵심 정리

크리에이터 사업자의 세무 일정은 다음 세 가지만 기억해도 절반은 성공입니다.

- 1월, 7월, 10월: 부가가치세
- 5월: 종합소득세
- 3월, 8월: 법인세(법인인 경우)

여기에 월별 인건비 신고(10일, 15일, 말일)만 잘 챙기면, 불필요한 가산세를 피하고 합법적인 절세 전략을 충분히 활용할 수 있습니다. 세무대리인이 있다면 대부분 알아서 처리해 주지만, 일정 자체는 사업자가 반드시 이해하고 있는 것이 좋습니다.

PART 4

크리에이터의
주요 경비 처리
유형과 증빙 관리

크리에이터 사업에서 절세의 핵심은 얼마를 벌었느냐보다 어떤 비용을, 어떻게 경비로 인정받느냐에 달려 있습니다. 같은 지출이라도 업종과 콘텐츠 성격에 따라 경비 처리 여부가 달라지고, 증빙 관리 방식에 따라 세무상 인정 여부가 갈리게 됩니다.

이번 장에서는 크리에이터가 실제로 경비 처리할 수 있는 주요 항목은 무엇인지, 업종별로 경비 구조가 어떻게 달라지는지, 그리고 세무상 문제없이 경비로 인정받기 위해 어떤 증빙을 어떻게 관리해야 하는지를 정리해 보겠습니다.

크리에이터가 경비 처리 할 수 있는 주요 항목은?

크리에이터 사업에서 경비는 단순히 '돈을 썼다'는 이유만으로 인정되지 않습니다. 사업과의 관련성, 그리고 증빙 가능성이 핵심입니다. 대표적인 경비 유형을 하나씩 살펴보겠습니다.

종업원 급여 및 인건비

첫 번째는 종업원에 대한 급여입니다. 보조 크리에이터, 영상 편집자, 매니저 등에게 지급하는 인건비가 이에 해당합니다.

종업원을 고용하고 4대 보험 가입 신고를 하게 되면 국민연금, 건강보험, 고용보험, 산재보험료가 발생하는데, 이 중 사업장 부담분은 전액 경비로 처리할 수 있습니다.

또한 직원 고용에 따라 발생하는 식대, 복리후생비, 기타 근무 관련 비용 역시 경비로 인정됩니다. 이 때문에 혼자 사업을 운영할 때보다, 종업원이 있는 경우 경비로 처리할 수 있는 범위가 훨씬 넓어집니다.

아울러 유튜버 · 크리에이터 본인 명의의 건강보험료 역시 사업과 직접 관련된 비용으로 경비 처리가 가능합니다.

사업용 자산 관련 비용

두 번째는 사업용 자산에 대한 비용입니다. 사업용 자산이란 콘텐츠 제작과 사업 운영을 위해 사용하는 물적 시설 및 설비를 의미하며, 대표적인 예로는 임차한 사무실이나 작업 공간이 있습니다.

다음과 같은 비용은 경비로 처리할 수 있습니다.

- 사업장 임차료
- 관리비

- 유지 · 보수비
- 수선비
- 손해보험료

단, 해당 자산이 사업에 실제로 사용되고 있음을 전제로 하며, 사적 사용과 혼용되는 경우에는 사용비율에 따른 안분이 필요합니다.

국외 출장비

세 번째는 국외 출장비입니다. 외국에서 촬영이나 취재, 행사 참여 등이 있는 경우 국외 시찰 · 훈련 비용으로 경비 처리가 가능합니다.

예를 들어 게임 크리에이터가 외국에서 열리는 국제 게임 대회에 참가하는 경우, 먹방 크리에이터가 외국 맛집 탐방을 위해 출장을 가는 경우 등입니다. 이러한 비용은 사업 관련성이 인정된다면 경비로 처리할 수 있습니다. 다만, 모든 국외 지출이 자동으로 경비가 되는 것은 아닙니다.

국외 출장비는 특히 사업 관련성 입증, 지출 내역에 대한 명확한 증빙이 중요합니다. 특히, 외국에서 사용한 항공권, 숙박비, 교통비, 식비 등에 대한 영수증과 결제 내역을 철저히 보관해야 합니다.

경조사비

네 번째는 경조사비입니다. 사업과 관련된 거래처 또는 지인에게 발생한 결혼, 사망 등의 경조사에 대해 지급한 금액은 건당 20만 원 한도의 접대비로 경비 처리할 수 있습니다. 따라서 거래처나 업무상 관계가 있는 인물의 행사라면, 모바일 또는 종이로 받은 청첩장·부고장을 반드시 보관해 두는 것이 좋습니다.

　작아 보이는 항목이지만 누적되면 절세 효과가 꽤 크기 때문에 놓치지 말아야 할 부분입니다.

업종별 경비 처리 유형은
어떻게 다를까?

경비는 모든 업종에 동일하게 적용되지 않습니다. 어떤 콘텐츠를 제작하느냐에 따라 경비로 인정되는 항목의 범위가 달라집니다. 즉, 업종 특성이 곧 경비 구조를 결정한다고 볼 수 있습니다.

대표적인 크리에이터 업종별 경비 유형을 살펴보겠습니다.

키즈·육아 크리에이터

키즈 · 육아 크리에이터의 경우 콘텐츠 촬영과 직접적으로 연관된 지출이 경비로 인정될 수 있습니다.

예를 들면 촬영용 장난감 구입 비용, 키즈카페·
놀이시설·테마파크 등의 입장료 등이 이에 해당
합니다. 단순 소비가 아니라 콘텐츠 제작 목적임을
설명할 수 있어야 합니다.

먹방·요리 크리에이터

먹방이나 요리 콘텐츠를 제작하는 경우 식재료와
조리 과정 전반이 사업 활동에 포함됩니다.
　따라서 식재료 구입비, 조리 도구, 조리 재료 보
관을 위한 냉장고 등 설비 비용은 사업 관련 비용으
로 경비 처리가 가능합니다.

뷰티·패션 크리에이터

뷰티·패션 크리에이터는 콘텐츠의 핵심 자체가
'제품'이 되는 경우가 많습니다. 이에 따라 화장품,
의류, 액세서리 구입 비용 등이 경비로 인정될 수
있습니다.
　다만 사적 사용과 혼용되는 경우에는 사업 사용

목적을 명확히 구분해야 합니다.

여행 크리에이터

여행 크리에이터의 경우 촬영을 전제로 한 이동과 체류 비용이 주요 경비 항목이 됩니다.

예를 들어 항공권, 숙박료, 현지 교통비 및 체류 중 사용 비용 등은 콘텐츠 제작과 직접적인 관련성이 입증된다면 경비로 처리할 수 있습니다.

업종 공통으로 인정되는 경비

업종과 무관하게 대부분의 크리에이터에게 공통적으로 발생하는 비용도 있습니다.

대표적으로는 스튜디오 대관료, 촬영 장비 및 조명 장비 구입비, 동영상 편집 프로그램 사용료, 컴퓨터 구입 비용, 게스트 출연료 등이 있습니다. 이러한 지출은 세금 신고 시 필요경비로 처리될 수 있는 대표적인 항목입니다.

창작자는 증빙 관리를
어떻게 해야 할까?

크리에이터가 사업과 관련하여 사업자 등으로부터 재화 또는 용역을 공급받고 건당 거래금액이 3만 원을 초과하여 그 대가를 지급한 경우에는 반드시 적격영수증을 수취 · 보관해야 합니다.

여기서 말하는 적격영수증이란 다음과 같은 세법에서 인정하는 증빙을 말합니다.

- 세금계산서
- 계산서
- 현금영수증
- 신용카드 매출전표

다만 세법에서는 거래의 성격상 적격영수증 발

급이 어렵거나 국가·금융기관 등을 통해 지출 사실이 객관적으로 확인되는 경우에는 적격영수증 수취 예외 거래로 보아 증빙 의무를 완화하고 있습니다. 따라서 이러한 거래는 적격영수증을 수취하지 않더라도 필요경비로 인정됩니다.

사업자와의 거래

사업자와 거래하는 경우에는 원칙적으로 적격증빙을 반드시 수취해야 합니다.

반면 사업자가 아닌 개인과의 거래는 적격영수증 수취 대상이 아닙니다. 이 경우에는 간이 영수증, 거래 내역을 확인할 수 있는 서류, 금융기관 송금 내역 등을 함께 보관함으로써 지출 사실을 증빙할 수 있습니다.

건당 거래금액 3만 원 초과 거래

공급대가(부가가치세 포함)가 건당 3만 원을 초과하는 경우에는 반드시 적격영수증을 수취해야 합

니다. (접대비는 2021년 이후 기준으로 3만 원 초과 시 적용)

3만 원 초과 여부는 거래 1건당 영수증 금액(부가가치세 포함)을 기준으로 판단하며, 동일한 거래에 대해 영수증을 여러 장으로 나누어 발급받은 경우에도 이를 합산하여 1건의 거래로 봅니다.

적격영수증 수취 대상이 아닌 경우

적격영수증 수취 대상 제외 거래

다음과 같은 거래는 적격영수증을 수취하지 않아도 됩니다.

- 국가 · 지방자치단체에 납부하는 세금
- 국민연금, 건강보험료, 고용보험료, 산재보험료
- 비영리단체에 지출하는 조합비 · 협회비
- 농 · 어민(법인 제외)으로부터 직접 공급받은 재화 · 용역
- 은행 · 보험회사 · 신용카드사 등에 지급하는 각종 수수료
- 대출 이자, 할부 이자, 송금 수수료
- 보증보험료, 리스료, 어음 할인료

- 환전 수수료, 카드 수수료, 보험료, 증권사 수수료 등
- 읍 · 면 지역에 소재한 간이과세자 중 신용카드 가맹점이 아닌 사업자와의 거래

적격영수증을 수취하지 않아도 되는 거래

다음 거래 역시 예외로 인정됩니다.

- 건당 거래금액이 3만 원 이하인 거래
- 거래처 경조사비(20만 원 이하) 및 종업원 경조사비
- 재화 또는 용역의 공급으로 보지 않는 거래
- 조합 · 협회에 지출하는 경상회비
- 판매장려금, 포상금 등의 현금 지급
- 계약 해약에 따른 위약금 · 손해배상금
- 기부금
- 항공요금, 철도 여객 운송 용역
- 택시비, 입장권, 승차권, 승선권, 통행료
- 연체 이자
- 방송 용역, 전기통신 용역

적격증빙의 종류와 관리 기준

세법에서 인정하는 적격증빙은 다음과 같습니다.

세법에서 인정하는 적격증빙

구분	수취 대상	제출 기한
세금 계산서	과세대상 재화 또는 용역 매입	과세사업자: 부가세 신고 시 면세사업자: 다음 해 1월 말일
계산서	면세대상 재화 또는 용역 매입	과세사업자: 부가세 신고시 면세사업자: 다음 해 1월 말일
신용카드 매출전표	과세 및 면세대상 재화, 용역 매입	매입세액 공제분만 신용카드 매출전 표 등 수취명세서 제출
현금영수증	현금을 지급하고 수 취한 현금영수증	매입세액 공제분만 신용카드 매출전 표 등 수취명세서 제출

PART 5

인건비 신고의 유형과 비용 처리

크리에이터 사업에서 인건비는 편집자, 매니저, 보조 크리에이터, 출연자 등 외부 인력에게 지급하는 가장 대표적인 비용 항목입니다. 인건비 신고는 지급 대상의 성격에 따라 근로소득자, 사업소득자, 일용직 근로자로 구분되며 각 유형마다 원천징수 방식과 4대 보험 적용 여부, 비용 처리 방법이 서로 다릅니다.

인건비를 정확하게 신고하면 합법적으로 비용 처리가 가능하고, 특히 정규직 고용의 경우 통합고용세액공제를 통해 1인당 최대 1,550만 원까지 세금 절감 효과를 기대할 수 있습니다.

인건비
신고 유형

크리에이터가 지급하는 인건비는 근로소득자, 사업소득자, 일용직 근로자 이렇게 세 가지 유형으로 구분됩니다.

근로소득자

4대 보험에 가입한 정규직 직원으로, 월급제 또는 연봉제로 고용된 인력입니다.

- 매월 급여 지급 시 원천징수 및 4대 보험료 신고
- 연말정산 실시
- 장기 고용 인력에 해당

사업소득자 (프리랜서)

프리랜서 또는 개인사업자로서 용역 제공의 대가를 받는 형태입니다.

- 지급 시 3.3% 원천징수
- 연말정산 없음
- 지급한 금액은 용역 수수료로 비용 처리

일용직 근로자

일 단위 또는 단기간 근무하는 아르바이트 인력입니다.

- 원천징수율 2.7% 적용
- 국민연금은 월 8일 미만 근무 시 부과 제외
- 단기 촬영, 행사성 업무에 주로 해당

인건비 신고 유형별 처리 방법

근로소득자

4대 보험료 부담

국민연금, 건강보험, 고용보험료는 사업주와 근로자가 각각 50%씩 분담하고, 산재보험료는 사업주가 100% 부담합니다.

원천징수 및 연말정산

간이세액표에 따라 매월 원천징수하고, 연말정산을 통해 최종 세액이 확정됩니다.

비용 처리

급여, 퇴직급여, 잡급 등의 항목으로 비용 처리합

니다.

사업소득자 (프리랜서)

3.3% 원천징수

지급 총액의 3.3%를 원천징수하고 사업주는 이를 세무서 및 지자체에 신고해야 합니다.

비용 처리

인건비를 용역 수수료로 처리한다. 상대방이 사업자등록이 없어도 처리 가능합니다.

일용직 근로자 (아르바이트)

2.7% 원천징수

소득세 기본세율 6%에서 각종 공제를 반영한 최종 원천징수율을 적용합니다.

보험료 적용

고용보험과 산재보험은 부과되며, 1개월 미만으로

고용된 경우에는 국민연금과 건강보험은 부과되지 않습니다.

원천세 신고와 지급명세서 제출의 차이

구분	원천세 신고	지급명세서 제출
목적	원천징수한 세금을 국세청에 신고 및 납부	소득 지급 내역 및 원천징수 세액을 국세청에 보고
내용	원천징수된 소득세, 지방소득세 등을 신고 및 납부	소득 지급자, 지급 금액, 원천징수액 등의 세부 내역 보고
대상 소득	모든 원천징수 대상 소득	근로소득, 사업소득, 기타소득 등
신고/제출 시기	매달 10일까지 (반기 신고 시 1월 10일, 7월 10일)	사업, 기타, 일용근로: 매달 10일까지 근로소득: (간이) 매 반기, (일반) 다음 연도 3월 10일
중요성	사업주가 세금을 원천징수해 납부하는 의무	국세청이 소득자의 세금 신고 및 납부를 확인하는 자료

PART 6

4대보험과 두루누리 사회 보험료 지원

직원을 고용하게 되면 급여 외에도 4대보험료 부담이 추가로 발생하게 됩니다. 특히 소규모 크리에이터 사업장의 경우 이 보험료 부담이 고정비로 작용해 인건비 구조에 큰 영향을 미칠 수 있습니다. 이번 장에서는 4대보험의 기본 구조를 먼저 살펴보고, 소규모 사업장의 부담을 줄일 수 있는 두루누리 사회보험료 지원제도의 적용 요건과 지원 내용을 정리해 보겠습니다.

사업자와 근로자
모두에게 필요한 4대보험

4대보험은 대한민국에서 근로자와 사업자가 의무적으로 가입해야 하는 사회보험 제도이며, 국민연금, 건강보험, 고용보험, 산재보험으로 구성되어 있습니다.

- 국민연금: 노후에 소득이 없을 경우 일정 금액을 연금으로 지급받을 수 있도록 한 제도입니다.
- 건강보험: 질병이나 부상으로 인한 의료비 부담을 줄이기 위해 지원받는 보험입니다.
- 고용보험: 실직 시 실업급여 등을 통해 근로자의 생활 안정을 돕는 보험입니다.
- 산재보험: 업무 중 발생한 사고나 질병에 대해

치료비 및 보상금을 지원하는 보험입니다.

사업자의 4대보험

근로자를 고용하지 않고 1인 미디어 콘텐츠 창작자로 사업을 영위하는 경우, 사업에서 발생한 본인의 소득을 기준으로 국민연금과 건강보험에 지역가입자로 가입하게 됩니다.

반면 직원을 고용하게 되면 직장가입자로 전환되며, 본인의 보험료뿐만 아니라 근로자의 4대보험료에 대해서도 사업자가 함께 부담하게 됩니다.

직원의 4대보험료

직장가입자 전환

국민연금과 건강보험을 지역가입자로 적용받던 대표자가 근로자를 고용하여 4대보험에 가입하게 되면 직장가입자로 자동 전환됩니다.

근로자를 처음 채용한 사업자는 근로자의 4대보험 가입을 위해 사업장 가입 신고를 해야 합니다.

직원의 4대보험료 부담

직원을 고용하면 급여의 일정 비율에 대해 사회보험료를 납부해야 할 의무가 발생합니다. 사업자는 근로자의 4대보험료를 근로자와 공동으로 부담하며, 각 보험별 부담 비율은 다음과 같습니다.

4대보험료 부담 비율

부담자	국민연금	건강보험/ 장기요양	고용보험 (실업급여)	고용보험 (고용안정)	산재보험
사업자	50%	50%	50%	100%	100%
근로자	50%	50%	50%	0%	0%

- 국민연금: 근로자와 사업자가 각각 50%씩 부담합니다. 근로자 급여의 9.5%를 기준으로 산정되며, 절반씩 나누어 납부합니다.
- 건강보험: 근로자와 사업자가 각각 50%씩 부담합니다. 급여의 약 7.19%를 기준으로 산정되며, 장기요양보험료(건강보험료의 약 13.14%)도 함께 납부합니다.
- 고용보험: 실업급여에 해당하는 보험료는 근로자와 사업자가 각각 50%씩 부담하며(총 2.05%), 사업자는 고용안정 및 직업능력 개발 부담금을

추가로 부담합니다.

- 산재보험: 전액 사업자가 부담합니다. 산재보험
  료율은 업종별로 다르며, 업무 중 발생하는 재
  해에 대비하기 위한 보험입니다.

이해를 돕기 위해 편집자 1명을 고용한 경우, 급
여 100만 원을 기준으로 계산하면 다음과 같습
니다. (편의상 보험요율은 2026년 기준, 산재보험요율은
1%로 가정하였습니다)

부담자	국민연금 (9.5%)	건강보험 (7.19%)	장기요양 보험	고용 보험	산재 보험	합계
사업자	47,500	35,950	4,720	11,500	10,000	109,600
근로자	47,500	35,950	4,720	9,000	0	97,100
합계	95,000	71,900	9,310	20,500	10,000	206,700

보험료 납부

사업자는 매월 직원의 급여를 기준으로 4대보험료
를 산정하며, 근로자가 부담해야 하는 보험료는 급
여 지급 시 공제한 후 사회보험공단에 납부해야 합
니다.

보험료는 매월 다음 달 10일까지 납부해야 하며,

이때 근로자 부담분과 사업자 부담분을 합산하여 납부합니다.

4대보험 가입의 예외

만 60세 또는 65세가 지나 국민연금이나 고용보험 가입 대상에서 제외되는 경우, 또는 국민연금·건강보험 가입 대상에 해당하지 않는 단시간 근로자를 고용하는 경우 등에는 4대보험 중 일부 보험만 가입하게 됩니다. 이러한 예외는 주로 가족 중 부모님을 근로자로 신고하는 경우에 해당할 수 있습니다.

사업자의 부담을 줄여주는
두루누리 지원제도

소규모 사업장에 대한 지원

직원을 고용하게 되면 근로자 보험료의 절반 이상을 사업자가 부담해야 하는 구조가 됩니다. 이러한 부담을 완화하기 위해 소규모 사업장을 대상으로 근로자와 사업주의 4대보험 부담을 줄여주는 제도가 두루누리 사회보험료 지원제도입니다.

지원 요건

두루누리 사회보험료 지원 요건은 매년 최저임금 인상 등에 따라 달라지며, 2026년 기준 요건은 다음과 같습니다.

- 사업장 요건: 근로자 수가 10명 미만인 사업장이어야 합니다.
- 근로자 요건: 월 보수가 270만 원 이하인 근로자에 대해 지원합니다.
- 지원 대상: 신규 가입자이거나, 기존 가입자 중에서도 직전 기간에 보험 가입 이력이 없는 등 일정 요건을 충족하는 경우 지원이 가능합니다.

지원 내용

두루누리 사회보험료 지원은 근로자에 대한 보험료 중 근로자 부담분과 사업주 부담분 모두에 대해 국민연금과 고용보험료의 최대 80%까지 지원하는 제도입니다.

다만 두루누리 지원은 해당 월의 보험료를 기한 내 정상적으로 납부한 경우, 다음 달 보험료 고지액에서 지원금을 차감한 나머지 금액만 고지하는 방식으로 이루어집니다. 따라서 보험료 연체가 발생할 경우 두루누리 사회보험료 지원 대상에서 제외

될 수 있으므로 유의해야 합니다.

PART 7

크리에이터가 가산세 내지 않는 법

국세기본법 제47조(가산세 부과)는 "세법에서 규정한 의무를 위반한 자에게 이 법 또는 세법에서 정하는 바에 따라 가산세를 부과할 수 있다"고 규정하며, 국민의 성실한 납세의무 이행을 촉구하고 있습니다. 따라서 절세의 가장 기본적인 원칙은 세금을 줄이는 기술보다도 가산세가 발생하지 않도록 세무를 관리하는 것이라고 할 수 있습니다.

가산세의 종류 1 : 무신고

일반적인 경우

법정신고기한까지 세법에 따른 국세의 과세표준을 신고하지 아니한 경우에는 무신고납부세액의 20%를 가산세로 납부하게 됩니다.

초기 유튜버나 크리에이터의 경우 사업자등록을 하지 않거나 등록이 늦어져 세금 신고 일정을 놓치면서 무신고 가산세를 부담하게 되는 사례가 많습니다.

무신고 가산세는 다음과 같은 방식으로 계산합니다.

부정행위인 경우 무신고 가산세 계산 방법

복식부기 의무자 **MAX (①,②)**	① 무신고납부세액×40% ② 수입금액×14/10,000
부가가치세 **영세율 과표가 있는 경우 (①+②)**	① 무신고납부세액×40% ② 영세율과세표준× 5/1,000

* MAX(①,②)는 ①과 ② 중 더 금액이 큰 쪽을 택한다는 뜻입니다.

부정행위인 경우

일반적인 무신고가 아닌 부정행위로 과세표준 신고를 하지 아니한 경우에는 무신고납부세액의 40%를 가산세로 납부하게 됩니다.

다만 아래에 해당하는 사업자는 다음 산식에 따라 가산세를 납부하게 되며, 국제 거래에서의 부정행위는 60%가 적용됩니다.

부정행위인 경우 무신고 가산세 계산 방법

복식부기 의무자 **MAX (①,②)**	① 무신고납부세액×40% ② 수입금액×14/10,000
부가가치세 **영세율 과표가 있는 경우 (①+②)**	① 무신고납부세액×40% ② 영세율과세표준× 5/1,000

가산세의 종류 2:
과소신고 및 초과환급

일반적인 경우

법정신고기한까지 세법에 따른 국세의 과세표준을 신고하였으나, 납부세액을 신고하여야 할 세액보다 적게 신고하거나 환급세액을 신고하여야 할 금액보다 많이 신고한 경우에는 다음 금액을 가산세로 납부하게 됩니다.

일반적인 경우	과소신고납세액X10%
부가가치세 영세율 과표가 있는 경우 (①+②)	① 과소신고납부세액 등×10% ② 과소신고된 영세율과세표준×5/1,000

부정행위인 경우

일반적인 과소신고 또는 초과환급 신고가 아닌, 부정행위로 과소신고한 경우에는 아래 ①과 ②를 합한 금액을 가산세로 납부하게 됩니다.

① 부정과소신고 가산세=부정행위로 인한 과소신고납부세액 등×40%
② 일반과소신고 가산세=(과소신고납부세액 등-부정행위로 인한 과소 신고납부세액 등)×10%

복식부기 의무자 MAX(①, ②)+③	① 부정행위로 인한 과소신고납부세액 등×40% ② 부정행위로 인하여 과소신고된 과세표준 관련 수입금액×14/10,000 ③ (과소신고납부세액 등−부정행위로 인한 과소신고납부세액 등)×10%
부가가치세 영세율 과표가 있는 경우 (①+②+③)	① 부정행위로 인한 과소신고납부세액 등×40% ② (과소신고납부세액 등−부정행위로 인한 과소신고납부세액 등)×10% ③ 과소신고된 영세율과세표준×5/1,000

가산세의 종류 3 : 납부지연

납부지연가산세는 세금을 납부하지 않았거나, 납부해야 할 세액보다 적게 납부한 경우, 또는 환급받아야 할 세액을 초과하여 환급받은 경우에 부과됩니다.

납부지연가산세는 다음과 같은 방식으로 계산합니다.

① 납부지연가산세＝무납부(과소납부)세액×0.022% ×경과일수

② 환급지연가산세＝초과하여 환급받은 세액× 0.022%×경과일수

경과일수란 납부기한(또는 환급받은 날)의 다음 날부

터 실제 납부일까지의 일수를 말합니다. 또한 납부
고지서에 따른 납부기한까지 무납부하거나 과소납
부한 세액에 대해서는 무납부(과소납부) 세액의 3%
가 가산세로 추가 부과됩니다.

가산세도
감면이 된다고?

세법에서는 납세자가 과세표준 수정신고를 하거나 기한 후 신고 · 납부를 한 경우, 일정 요건을 충족하면 가산세를 감면하도록 규정하고 있습니다.

다만, 과세관청이 이미 경정할 것을 미리 알고 제출한 경우에는 가산세 감면 대상에서 제외됩니다.

가산세 감면 기준

구분	기간	가산세	감면율
수정 신고	법정신고기한 지난 후 1개월 이내	과소 신고 초과 환급 가산세	90%
	법정신고기한 지난 후 1개월 초과 3개월 이내		75%
	법정신고기한 지난 후 3개월 초과 6개월 이내		50%
	법정신고기한 지난 후 6개월 초과 1년 이내		30%
	법정신고기한 지난 후 1년 초과 1년 6개월 이내		20%
	법정신고기한 지난 후 1년 6개월 초과 2년 이내		10%
기한 후 신고	법정신고기한 지난 후 1개월 이내	무신고 가산세	50%
	법정신고기한 지난 후 1개월 초과 3개월 이내		30%
	법정신고기한 지난 후 3개월 초과 6개월 이내		20%

PART 8

업무용 승용차 비용 처리 어떻게 할까?

크리에이터가 사업과 관련하여 차량을 이용하는 경우, 차량의 취득 및 유지 과정에서 다양한 비용이 발생하게 됩니다. 이때 차량의 종류와 운용 방법에 따라 경비 처리 방식과 인정 범위가 달라지므로 주의가 필요합니다.

소득세상 업무용 승용차 비용 처리

복식부기 의무자가 아닌 경우

업무용 승용차와 관련된 비용을 전액 비용으로 처리할 수 있습니다.

복식부기 의무자인 경우

임직원전용보험 가입 여부에 따라 비용 인정 범위가 달라집니다.

임직원전용보험에 가입한 경우

차량 1대당 연 1,500만 원 이하의 비용은 전액 손금으로 인정되며, 1,500만 원을 초과하는 금액에 대해서는 업무 사용 비율만큼만 손금으로 인정됩니다.

임직원전용보험에 가입하지 않은 경우

차량 1대당 연 1,500만 원을 초과하는 금액은 손금으로 인정되지 않습니다.

법인세상
업무용 승용차 비용 처리

법인사업자의 경우

임직원전용보험 가입 여부가 비용 처리의 핵심 기준이 됩니다.

임직원전용보험에 가입하고 운행기록을 작성한 경우에는 차량 1대당 연 1,500만 원 이하의 비용은 전액 손금으로 인정되며, 1,500만 원을 초과하는 금액은 업무사용비율만큼 손금으로 인정됩니다.

임직원전용보험에 가입하였으나 운행기록을 작성하지 않은 경우에는 1,500만 원 이하의 비용은 전액 손금으로 인정되지만, 1,500만 원을 초과하는 금액은 손금으로 인정되지 않습니다.

임직원전용보험에 가입하지 않은 경우에는 업무

용 승용차 관련 비용 전액이 손금으로 인정되지 않습니다.

업무용 승용차 비용 처리의 핵심 정리

2024년부터는 복식부기 의무자와 법인사업자 모두에게 임직원전용보험 가입이 필수 요건이 되었습니다.

차량 1대당 연 1,500만 원까지는 업무용 승용차 비용으로 처리할 수 있으나, 이를 초과하는 금액에 대해서는 운행기록부를 작성해야만 경비로 인정됩니다.

차량 구입 방식에 따른 유의사항

차량을 자가 구입, 할부, 리스, 렌탈 중 어떤 방식으로 취득하더라도 세법상 비용 처리 방식에는 차이가 없습니다.

다만 이자 부담 등으로 인해 총 부담 금액에는 차이가 발생할 수 있으므로, 특별한 사정이 없다면 차량의 총가액이 가장 낮아지는 방식을 선택하는 것이 유리합니다.

일반적으로는 일시불 → 할부 → 리스 → 렌탈 순으로 총 비용이 증가하는 경향이 있습니다.

또한 리스의 경우에는 금융비용으로 분류되어 부가가치세가 발생하지 않는 장점이 있으며, 렌탈의 경우에는 사고 발생 시 보험료 인상 부담이 렌탈 회사에 귀속되므로 직원 사용 목적의 차량으로 적합할 수 있습니다.

차량 구분에 다른 비용 처리

구분	영업용	업무용
내용	개별소비세 과세되지 않는 차량으로 경차, 승합차, 트럭 등이 해당	개별소비세 과세되는 차량으로 대부분의 차량이 해당 단, 운수업, 자동차판매업등 영업에 직접 사용분 제외
부가 가치세	공제	불공제
소득세	전액 비용	한도 내 비용 ① 복식부기의무자(X): 전액 ② 복식부기의무자(O): ·전용보험 가입: 1,500만 원 이하 전액 손금 인정, 1,500만 원 초과 시 업무 사용 비율만큼 인정 ·전용보험 미가입: 1대(1,500만) 초과분 불인정
법인세	전액 비용	한도 내 비용 ① 임직원전용보험 가입 ·운행기록 작성: 1,500만 원 이하 전액 손금 인정, 1,500만 원 초과 시 업무 사용 비율만큼 인정 ·운행기록 미작성: 1,500만 원 이하 전액 손금 인정, 1,500만원 초과 시 초과분 불인정 ② 임직원전용보험 미가입 전액 불인정
비고		전용번호판 부착의무 ·취득가액 8,000만 원 이상 ·연녹색 전용번호판 ·2024년 1월 1일 이후 등록·대분부터 적용

PART 9

부가가치세는
어떻게
계산할까?

부가가치세(Value Added Tax, VAT)는 상품이나 서비스가 생산·유통·소비되는 각 단계에서 발생하는 부가가치에 대해 부과되는 세금입니다. 부가가치세는 형식상 최종 소비자가 부담하는 세금이지만, 실제로는 사업자가 거래 과정에서 이를 대신 징수하여 국가에 납부하는 구조로 운영됩니다.

부가가치세의 기본 원리

부가가치세는 사업자가 발생시킨 매출세액에서 사업 활동을 위해 지출한 매입세액을 차감하여 최종적으로 납부할 세액을 산출하는 방식으로 계산합니다.

매출세액이란

사업자가 상품이나 서비스를 판매할 때 거래 상대방에게 부과하여 징수하는 부가가치세를 말합니다.

매입세액이란

사업자가 상품이나 서비스를 구매하는 과정에서 지불한 부가가치세를 의미합니다.

부가가치세 계산 흐름

부가가치세는 다음과 같은 단계에 따라 계산됩니다.

매출세액 계산

매출세액은 사업자가 상품이나 서비스를 판매한 금액인 공급가액에 부가가치세율(한국의 경우 10%)을 적용하여 계산합니다.

크리에이터의 경우 광고 수입이나 MCN · 에이전시와의 정산 과정에서 세금계산서를 발행하는 경우 매출세액이 발생하는 경우가 많습니다.

$$매출세액 = 공급가액 \times 세율(10\%)$$

예시

한 회사가 광고 수수료로 1,000만 원을 받기로 한 경우, 매출세액은 1,000만 원×10%로 100만 원이 됩니다. 즉, 회사는 공급가액 1,000만 원에 부가가치세 100만 원을 더한 총 1,100만 원을 거래처로부터 받게 됩니다.

매입세액 계산

매입세액은 크리에이터가 사업과 관련하여 상품이나 서비스를 구매할 때 지불한 부가가치세를 말합니다.

이 매입세액은 부가가치세 신고 시 매출세액에서 공제받을 수 있습니다.

$$매입세액 = 매입가액 \times 세율(10\%)$$

예시

유튜버가 콘텐츠 제작 비용으로 500만 원을 지출

한 경우, 매입세액은 500만 원 × 10%로 50만 원이 됩니다.

이 50만 원은 부가가치세 신고 시 매출세액에서 공제받거나 환급을 받을 수 있습니다.

부가가치세 납부세액 계산

부가가치세의 최종 납부세액은 매출세액에서 매입세액을 차감하여 계산합니다.

$$부가가치세\ 납부세액 = 매출세액 - 매입세액$$

예시

매출세액이 100만 원이고 매입세액이 50만 원인 경우에는, 부가가치세 납부세액은 100만 원−50만 원으로 50만 원이 됩니다.

즉, 사업자는 매출 과정에서 발생한 부가가치세 100만 원 중 매입 시 이미 부담한 50만 원을 공제한 후, 최종적으로 50만 원만 세무서에 납부하게 됩니다.

부가가치세 계산 시 유의사항

부가가치세를 계산할 때에는 일반적인 계산 구조 외에도 여러 예외 사항을 함께 고려해야 합니다. 그 중 대표적인 항목이 영세율 적용 매출, 매입세액 불공제, 면세사업자의 매출입니다.

영세율 적용 매출

영세율(0%)이 적용되는 매출에 대해서는 매출세액이 부과되지 않습니다. 다만 영세율이 적용된 매출과 관련하여 발생한 매입세액은 전액 공제받을 수 있습니다.

예를 들어 수출 매출은 영세율 적용 대상이므로

매출세액은 0원이지만, 수출과 직접 관련된 원재료나 용역의 매입세액은 공제받을 수 있습니다.

미디어콘텐츠창작업으로 등록된 유튜버나 크리에이터 역시 영세율 적용 대상에 해당할 수 있습니다. 다만 부가가치세 면세사업자인 1인미디어콘텐츠창작자의 경우에는 부가가치세 환급을 받을 수 없습니다.

매입세액 불공제 항목

모든 매입세액이 공제되는 것은 아니며, 업무 관련성이 없거나 세법에서 정한 특정 항목에 대해서는 매입세액 공제가 제한됩니다.

대표적인 매입세액 불공제 항목은 다음과 같습니다.

- 매입처별 세금계산서 합계표를 제출하지 않거나 부실하게 기재한 경우
- 세금계산서를 수취하지 않았거나 부실하게 기재한 경우
- 사업과 직접적인 관련이 없는 지출에 대한 매

입세액

- 비영업용 소형 승용자동차의 구입 및 유지에 관한 매입세액
- 기업업무추진비 및 이에 준하는 비용과 관련된 매입세액
- 부가가치세가 면제되는 재화 또는 용역을 공급하는 사업에 관련된 매입세액
- 토지 관련 매입세액
- 사업자등록 이전에 발생한 매입세액 (다만, 해당 과세기간 종료일로부터 20일 이내에 사업자등록을 한 경우에는 그 과세기간의 매입세액은 제외됩니다)

면세사업자의 매출

부가가치세 면세사업자에 해당하는 1인미디어콘텐츠창작자의 경우에는 부가가치세가 부과되지 않으므로 매출세액도 발생하지 않습니다. 다만 매출세액이 발생하지 않는 만큼 환급받을 수 있는 부가가치세 역시 존재하지 않는 구조라는 점에 유의해야 합니다.

PART 10

크리에이터의 핵심 체크, 종합소득세

종합소득세는 개인이 1년 동안 벌어들인 모든 돈에 대해 내는 세
금입니다. 사업으로 번 돈, 월급, 은행 이자 등 다양한 수입을 모두
합쳐서 계산합니다.

많이 벌면 더 많이 내요

종합소득세는 많이 벌면 더 많이 내는 구조를 가지고 있습니다. 소
득이 커질수록 구간별로 더 높은 세율이 적용되는 구조를 '누진세'
라고 합니다.

할인 혜택이 있어요

다양한 방법으로 세금을 깎을 수 있습니다. 이를 '공제'라고 하는
데, 소득공제(세금계산 전 수입에서 빼주는 것)와 세액공제(계산된 세금
에서 직접 빼주는 것) 두 가지가 있습니다.

이제 종합소득세가 어떻게 계산되는지 알기 쉽게 설명해 드리겠습
니다.

종합소득세 계산의 기본 흐름

종합소득세 계산은 다음과 같은 순서로 이뤄집니다.

① 모든 수입 더하기: 1년 동안 벌어들인 모든 돈을 합칩니다.

② 사업 비용 빼기: 사업을 하는 사람은 사업에 쓴 비용을 뺍니다.

③ 소득공제 적용하기: 국가에서 인정하는 지출을 수입에서 뺍니다. (국민연금 등)

④ 과세표준 구하기: 위의 절차를 통해 세금을 매길 기준 금액을 구합니다.

⑤ 세율 적용하기: 내 소득 구간에 맞는 세율을 적용해 세금을 계산합니다.

⑥ 세액공제 및 감면 적용하기: 세금에서 깎아주는
혜택을 적용합니다.
⑦ 가산세 더하기: 일부 의무를 수행하지 않은 경우
에 내는 추가 세금을 계산합니다. (현금영수증 미
가맹 등)
⑧ 이미 낸 세금 빼기: 미리 낸 세금이 있다면 뺍
니다. (11월에 내는 중간예납 또는 3.3%로 이미 징수된
금액 등)
⑨ 최종 납부세액 계산: 실제로 내야 할 세금을 최
종 계산합니다.

종합소득금액 산정

종합소득금액은 개인이 1년 동안 얻은 모든 소득을
합친 금액입니다. 다양한 방법으로 번 돈을 모두 더
해서 계산합니다.

예를 들어 직장을 다니며 발생한 근로소득이
3,000만 원, 외주 업무나 개인 사업 등으로 발생
한 사업 소득이 2,000만 원이라면 종합소득금액은
5,000만 원이 됩니다.

종합소득금액에 포함되는 소득의 종류를 알려드

리겠습니다.

사업소득

개인이 사업을 운영하여 얻는 소득. 가게나 사업체를 운영해 번 돈(자영업자), 프리랜서로 일해서 번 돈, 건물 임대로 번 돈 등을 말합니다.

근로소득

회사에서 근무하고 받는 월급, 상여금, 수당 등 회사나 기관에서 일한 대가로 받은 모든 금전적 보상을 포함합니다.

이자소득

금융 자산에서 발생한 이자 수익. 예금 이자, 채권 이자, 대출 이자 등 금융상품이나 금전 대여를 통해 얻은 수익을 포함합니다. (단, 이자 및 배당 소득금액이 2000만 원 초과 시에만 종합소득으로 합산됨)

배당소득

주식이나 배당으로 얻은 소득. 회사가 주주에게 나눠주는 이익금, 투자한 곳에서 받는 배당을 말합니다. (단, 이자 및 배당 소득금액이 2,000만 원 초과 시에

만 종합소득으로 합산됨)

연금소득

국민연금, 공무원 연금, 사적연금(퇴직연금, 개인연금) 등에서 발생하는 소득.

기타소득

자문해 주고 받은 돈, 강연하고 받은 돈, 상금이나 경품 및 복권 당첨금 등.

이렇게 다양한 방법으로 번 돈을 합쳐서 종합소득 금액을 계산합니다.

필요경비 차감

돈을 벌기 위해 사업에 쓴 비용은 소득에서 뺄 수 있습니다. 이를 '필요경비'라고 합니다.

예를 들어 1년에 5,000만 원을 벌었는데 사업에 쓴 비용이 3,000만 원이라면 실제로 세금이 매겨지는 금액은 2,000만 원이 됩니다.

<u>소득세 비용 처리가 되는 항목들</u>

- 인건비
- 월세
- 비품, 컴퓨터, 핸드폰 구입 비용
- 인테리어 비용
- 식사 비용, 접대비

소득공제 적용

소득공제는 세금을 계산할 때 소득에서 일정 금액을 빼는 혜택입니다.

다양한 소득공제가 있으며 기본 공제 외에도 특별한 요건을 충족하면 추가 공제를 받을 수 있습니다.

주요 소득공제 항목은 다음과 같습니다.

기본공제

본인, 배우자, 부양가족 1인당 150만 원 공제. 단, 소득 요건과 나이 요건에 맞는 배우자, 부양가족만 공제 가능합니다.

- 자녀: 만 20세 이하.
- 부모, 조부모: 만 60세 이상.
- 소득 요건: 연간 소득금액 100만 원 이하. 만약 근로소득만 있다면 총 급여 500만 원 이하.

추가공제

- 경로우대공제: 기본공제 대상자 중 만 70세 이상자가 있다면, 1명당 연 100만 원을 추가 공제해 줍니다.
- 장애인공제: 기본공제 대상자 중 장애인이 있으면 1명당 연 200만 원을 추가 공제해 줍니다.
- 부녀자공제: 종합소득금액 3,000만 원 이하이면서 ① 미혼+부양가족이 있는 경우, ② 기혼+배우자가 있는 경우 연 50만 원을 추가로 공제해 줍니다.
- 한부모공제: 배우자가 없는 자가 기본공제 대상자로 자녀 또는 입양자가 있는 경우 연 100만 원을 추가 공제해 줍니다.

과세표준 산출

세금 계산의 기준: 과세표준 알아보기

과세표준은 실제로 세금을 매기는 기준이 되는 금액입니다. 쉽게 말해 "이만큼의 돈에 세금을 매길게요"라고 정하는 금액입니다. 과세표준은 다음과 같이 계산합니다.

과세표준=종합소득금액-소득공제

앞서 설명했듯이 종합소득금액은 개인이 1년 동안 얻은 모든 '소득'을 합친 금액입니다. 소득은 '매출-비용'이고요. 과세표준은 그 종합소득금액에서 소득공제까지 완료한 금액을 말합니다.

예를 들어 1년 동안 5,000만 원을 벌었고, 여러 가지 비용과 소득공제를 합친 금액이 3,000만 원이라면 '5,000만 원-3,000만 원=2,000만 원', 이렇게 계산된 2,000만 원이 바로 과세표준입니다. 이 금액에 세율을 곱해서 실제 내야 할 세금을 계산하게 됩니다.

세금 계산 방법: 쉬운 예시로 이해하기

과세표준 4700만 원을 예로 들어 설명해 보겠습니다. 세금 계산은 단계별로 이루어집니다. 마치 충계를 올라가듯이, 금액마다 다른 세율이 적용됩니다. 단계별 세금 계산 과정은 다음과 같습니다.

① 첫 번째 구간(1,400만 원까지)

- 1,400만 원×6%=84만 원
- 첫 1,400만 원에 대해서는 6% 세율이 적용됩니다.

② 두 번째 구간(1,400만 원 초과~5,000만 원 이하)

- (4,700만 원-1,400만 원)×15%=495만 원
- 1,400만 원을 넘는 부분(3,300만 원)에 대해서는 15% 세율이 적용됩니다.

③ 총 내야 할 세금(산출세액)

- 84만 원+495만 원=579만 원
- 각 구간의 세금을 모두 더하면 최종적으로 내야

할 세금이 됩니다.

이렇게 수입이 많아질수록 더 높은 세율이 적용되는 '누진세' 방식으로 세금이 계산됩니다.

세액공제 및 세액감면 적용

- 기장세액공제
- 외국납부세액공제
- 재해손실세액공제
- 배당세액공제
- 근로소득세액공제
- 전자신고세액공제
- 성실신고확인비용세액공제
- 중소기업특별세액감면 등

가산세 적용

무신고 가산세, 과소 및 초과환급 신고 가산세, 납부지연 가산세, 증빙불비 가산세, 무기장 가산세 등이 있습니다.

기납부세액

중간예납세액, 수시부과세액, 원천징수세액 등입
니다.

최종 납부(환급)할 세액

앞서 설명한 과정을 모두 거쳐 나온 마지막 금액이
최종 납부세액입니다.

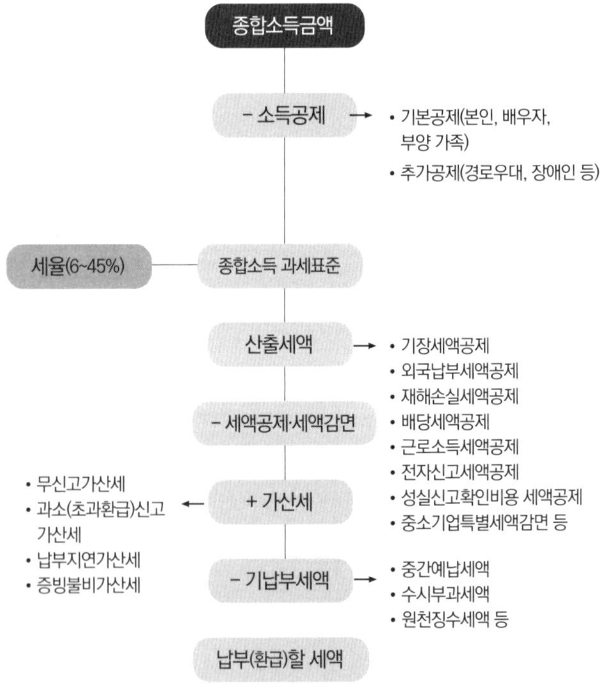

PART 11

법인세는
뭐가
다를까?

법인세는 법인이 번 돈에 대해 내는 세금입니다. 소득세와 마찬가지로 여러 항목을 고려한 후 최종적으로 납부할 세액을 계산합니다. 법인세 또한 누진세율 구조로 되어 있으며 세액공제와 감면을 적용해서 최종 법인세가 계산됩니다.

법인세 계산 이렇게 됩니다

전체적인 법인세 계산 흐름을 정리한 표입니다.

단계별 법인세 계산법

구분	항목
	법인결산상 당기순이익
+ (세무 조정)	익금산입 및 손금불산입
− (세무 조정)	손금산입 및 익금불산입
=	각 사업연도 소득금액
−	이월결손금
−	비과세 소득
−	소득공제

=	법인세 과세표준
×	세율 적용
=	법인세 산출세액
−	감면세액
−	세액공제
+	가산세
+	감면분 추가 납부세액
=	총 부담세액(납부할 법인세액)
−	기납부세액(중간예납, 수시부과세액, 원천징수세액)
=	신고납부세액

주의!
순이익과 회계장부 관리

법인 결산상 당기순이익

법인 당기순이익은 개인과 마찬가지로 법인이 한 해 동안 실제로 벌어들인 순수 이익을 말합니다. 간단히 말해 '총수익-총지출=순이익'입니다.

개인과 법인 차이점

- 개인: 법에서 정해놓은 특정 소득에만 세금 부과
- 법인: 어떤 방식으로든 벌어들인 모든 수익에 세금 부과

총 수익이란?

총 수익은 법인이 1년 동안 벌어들인 모든 돈을 합
친 금액입니다.

총 수익에 포함되는 것들

- 주된 사업으로 번 돈: 서비스 제공, 제품 판매 등
- 이자로 번 돈: 은행 예금이나 채권에서 발생한 이자
- 투자로 번 돈: 주식 배당금
- 자산 팔아서 번 돈: 부동산이나 설비를 팔아 생
  긴 이익

법인 세금 계산의 조정 사항

법인세 또한 회계장부와 법인세법의 차이를 조정
해야 합니다.

익금산입

회계장부엔 수익으로 기록되지 않았지만 법인세법
에서 '이건 수익'이라고 말하는 항목.

익금불산입

회계장부에는 수익으로 기록됐지만, 법인세법에서는 '이건 세금 매길 수익이 아니야!'라고 말하는 항목. (예: 법인세 환급금)

손금산입

회계장부에는 비용으로 기록되지 않았지만, 법인세법에서는 '이건 비용으로 인정해 줄게!'라고 말하는 항목.

손금불산입

회계장부에는 비용으로 기록됐지만, 법인세법에서는 '비용으로 인정 못해!'라고 말하는 항목. (예: 벌금, 과태료, 한도 초과 접대비, 법인세 비용, 업무 무관 자산 이자 등)

과세표준 산출

익금과 손금 조정을 통해 최종 과세표준을 계산합니다. 과세표준은 법인세를 부과할 기준이 되는 소득 금액입니다.

$$과세표준 = 각 사업연도 소득금액 - 이월결손금$$
$$-비과세소득 - 소득공제$$

세율 적용

과세표준에 따라 법인세율을 적용하여 산출세액을 계산합니다. 한국의 법인세율은 과세표준에 따라 누진적으로 적용되며, 2025년 기준 법인세율은 다음과 같습니다.

2026년 기준 법인세율

과세표준	세율	누진공제
2억 원 이하	10%	–
2억 원 초과 200억 원 이하	20%	2,000만 원
200억 원 초과 3,000억 원 이하	22%	4억 2,000만 원

세액공제 및 세액감면 적용

법인세를 계산한 후에도 여러 가지 방법으로 세금을 깎을 수 있습니다. 이를 '세액공제'나 '세액감면'

이라고 합니다. 세금을 깎아주는 대표적인 항목들은 다음과 같습니다.

- 연구인력개발비 세액공제: 회사가 새로운 기술이나 제품을 개발하기 위해 쓴 돈의 일부를 세금에서 깎아줍니다.
- 통합고용 세액공제: 직원을 채용하면 그에 대한 보상으로 세금을 깎아줍니다. 일자리 창출을 장려하고 고용을 늘리는 회사에 혜택을 주는 제도입니다.
- 창업중소기업 세액감면: 새로 시작한 회사들이 자리를 잡을 수 있도록 세금 부담을 줄여줍니다.

세액공제나 감면은 각각 계산 방법과 혜택이 다릅니다. 회사의 상황에 맞는 항목을 잘 활용하면 최종적으로 내야 할 세금을 크게 줄일 수 있습니다.

최종 납부세액 결정

최종 납부세액은 처음 계산한 세금에서 여러 가지

혜택과 이미 낸 세금을 모두 뺀 후, 실제로 내야
할 세금을 말합니다.

최종 납부세액= 산출세액-세액공제-이미 낸 세금

쉽게 말해 처음에 계산한 세금에서 받을 수 있
는 모든 할인과 미리 낸 세금을 빼고 남은 금액
이 실제로 납부해야 할 최종 세금입니다.

PART 12

크리에이터를 위한 주요 세금 감면 혜택

대다수의 중소사업자는 세액공제나 세액감면과 같이 조세 절감 효과가 큰 제도가 있음에도 불구하고, 적용 요건을 알지 못하거나 절차가 복잡하다는 이유로 실제 세금 혜택을 놓치는 경우가 많습니다. 이로 인해 최근에는 이미 납부한 세금을 다시 검토하여 경정청구를 통해 과다 납부한 세금을 환급받는 사례도 크게 증가하고 있습니다.

이번 장에서는 크리에이터로서 적용할 수 있는 업종별 맞춤 절세 전략과 함께, 실무에서 활용도가 높은 주요 세금감면 혜택의 종류를 정리해 보고자 합니다.

창업중소기업이라면

조세특례 제한법 제6조

창업중소기업에 대한 세액감면 제도는 중소기업 등이 창업한 이후 소득이 발생한 연도부터 5년간, 매년 납부해야 할 법인세 또는 소득세를 감면해 주는 제도입니다.

다만 이 감면 혜택을 적용받기 위해서는 아래의 요건을 사전에 꼼꼼히 검토해야 합니다.

신규 창업 여부 판단

기존에 이미 사업자등록을 한 이력이 있거나, 기존 사업에 업종을 추가한 경우에는 신규 창업으로 인정되지 않아 창업중소기업 세액감면을 적용받을 수 없습니다. 또한 명의만 변경한 사실상 동일 사업의 재개, 가족 간 사업 승계, 기존 사업을 양수하여 계속 영업하는 경우 등은 신규 창업으로 보지 않아 세액감면이 배제될 수 있으므로 주의해야 합니다.

사업장 소재지 요건 충족 여부

사업장 소재지가 수도권정비계획법 시행령에서 정한 과밀억제권역, 성장관리권역, 자연보전권역에 해당하는지 여부에 따라 감면 적용 가능 여부가 달라집니다. 이와 관련된 구체적인 범위는 수도권정비계획법 시행령 [별표 1]을 기준으로 판단합니다.

창업 당시 연령 요건

창업자의 연령에 따라 일반 창업중소기업인지, 청년창업중소기업에 해당하는지가 달라지며, 이에 따라 감면율도 차이가 발생합니다.

감면 대상 업종 해당 여부

모든 업종이 창업중소기업 세액감면 대상이 되는 것은 아니므로, 해당 사업이 감면 대상 업종에 해당하는지 여부를 반드시 확인해야 합니다. 특히 미디어 콘텐츠 창작업의 경우

사업자등록 시 선택한 업종 코드에 따라 감면 대상 여부가 달라질 수 있으므로, 초기 사업자등록 단계에서 업종 분류를 신중히 검토할 필요가 있습니다.

창업중소기업 세액감면 적용 및 개정 사항

청년창업중소기업 세액감면 혜택을 적용받는 경우, 요건에 따라 최소 50%에서 최대 100%까지 세액 감면을 받을 수 있으며, 이 혜택은 최대 5년간 적용됩니다.

따라서 창업중소기업 세액감면은 최초 사업자등록 단계부터 사업 구조와 요건을 고려한 사전 설계가 매우 중요한 제도라고 할 수 있습니다.

창업중소기업·청년창업중소기업 세액감면율 요약표

분	지역	감면율				
		1년차	2년차	3년차	4년차	5년차
창업 중소 기업	수도권 과밀 억제권역 내	-	-	-	-	-
	수도권 과밀 억제권역 외	50%	50%	50%	50%	50%
	수도권 과밀 억제권역 외 (수도권)	25%	25%	25%	25%	25%
청년 창업 중소 기업	수도권 과밀 억제권역 내	50%	50%	50%	50%	50%
	수도권 과밀 억제권역 외	100%	100%	100%	100%	100%
	수도권 과밀 억제권역 외 (수도권)	75%	75%	75%	75%	75%

크리에이터가 영위하는 미디어 콘텐츠 창작업, 광고대행업, 전자상거래업 등은 창업중소기업 세액감면의 감면 대상 업종에 해당합니다.

다만 실제로는 신규 창업 요건을 충족하지 못하거나, 사업의 실질과 맞지 않는 사업장 소재지로 사업자등록을 하여 감면 적용에 문제가 발생하는 경우가 많습니다. 따라서 사업자등록 전 단계부터 전문적인 세무 상담을 통해 요건을 사전에 검토하는 것이 중요합니다.

요건을 충족한다면 최초 창업일로부터 5년간 소득세 또는 법인세를 50%에서 최대 100%까지 감면받을 수 있습니다.

직원을 더 고용하면 세금을 깎아줘요

통합고용세액공제는 상시근로자를 증가시킨 기업에 대해 고용 인원 1인당 일정 금액을 세액에서 직접 공제해 주는 제도입니다.

예를 들어 만 34세 이하의 청년을 고용한 경우 중소기업 기준으로 수도권에서는 1,450만 원, 수도권 밖에서는 1,550만 원의 세액공제를 받을 수 있습니다.

청년이 아닌 근로자를 고용한 경우에도 중소기업 기준으로 850만 원(수도권), 950만 원(수도권 밖)의 공제가 가능합니다.

통합고용세액공제 한도 요약

구분	중소기업(3년간)		중견기업 (3년간)	일반기업 (2년간)
	수도권	수도권 밖		
청년 등	1,450만 원	1,550 만 원	800 만 원	400 만 원
청년 등 외	850 만 원	950 만 원	450 만 원	–

* '청년 등'에는 청년 외에도 세법에서 정한 특정 취약계층이 포함될 수 있습니다.
* 위 표는 2025년까지 적용됩니다.

중소기업 통합고용세액공제 한도 변경

기준	구분	1년차	2년차	3년차
우대공제	수도권	700만 원	1,600만 원	1,700만 원
	지방	1,000만 원	1,900만 원	2,000만 원
기본공제	수도권	400만 원	900만 원	1,000만 원
	지방	700만 원	1,200만 원	1,300만 원

* 우대공제: 청년·장애인·60세 이상·경력단절 등
* 위 표는 2026년부터 적용됩니다.

주의사항

통합고용세액공제를 적용받기 위해서는 매월 상시

근로자 수를 기준으로 고용 증가 여부를 판단해야 하며, 공제 적용 후에도 사후관리 기간(추가 2년) 동안 고용 인원을 유지하는 요건을 충족해야 합니다.

요건 관리가 필요하다는 부담은 있으나, 공제 금액이 매우 큰 제도이므로 크리에이터 사업에서도 편집자, 보조 출연자 등 인력을 정식으로 고용하고 4대보험에 가입하여 세액공제 적용 가능성을 검토할 필요가 있습니다.

크리에이터 세금 최선의 절세 로드맵

크리에이터의 절세 전략은 단편적인 공제 하나를 적용하는 방식이 아니라, 사업 초기 단계부터 단계별로 설계하는 로드맵 방식이 효과적입니다. 창업감면 → 고용 공제 → 연구개발 공제로 이어지는 대표적 절세 로드맵을 단계별로 살펴보겠습니다. 가능한 절세 혜택을 종합적으로 검토하여 사업 성장 단계에 맞는 최적의 절세 전략을 수립해 보시기 바랍니다.

청년창업중소기업 세액감면 설계

사업 초기에는 청년창업중소기업 세액감면 적용

여부를 가장 먼저 검토해야 합니다.

청년에 해당하지 않더라도, 사업장 소재지가 수도권 과밀억제권역 외 지역인지 여부에 따라 세액감면 적용 가능성이 달라지므로 소재지 요건을 반드시 함께 검토할 필요가 있습니다.

청년에 해당하는 경우에는 수도권에서는 50%, 수도권 과밀억제권역 외 지역에서는 100% 세액감면이 적용될 수 있어, 초기 5년간 세금 부담을 크게 줄일 수 있습니다.

다만 큰 감면 혜택만을 노리고 실질과 다른 위장 전입이나 형식적인 사업자등록을 하는 경우, 사후 검증 과정에서 세금 추징 등의 불이익을 받을 수 있으므로 각별한 주의가 필요합니다.

벤처기업 인증

청년에 해당하지 않거나 수도권 내에 사업장을 둔 크리에이터의 경우에는 창업 후 3년 이내에 벤처기업 인증을 검토해 볼 수 있습니다.

벤처기업으로 확인을 받게 되면 확인일로부터 5년간 소득세 또는 법인세의 50% 감면을 받을 수 있으며, 이와 함께 각종 정부 지원사업, 정책자금, 금융 혜택도 함께 활용할 수 있습니다.

기업부설연구소 또는 연구개발 조직 설립

디자인, 영상 제작, 편집 기술 등과 같이 지속적인 연구개발 활동이 이루어지는 경우에는 기업부설연구소 또는 연구개발 전담부서 설립을 고려할 수 있습니다.

이 경우 연구개발에 참여하는 연구원 인건비의 25%에 해당하는 세액공제 혜택을 적용받을 수 있어, 인건비 부담을 효과적으로 줄일 수 있습니다.

PART 13

크리에이터가 놓치면 안 되는 정부지원금

직원을 채용하는 크리에이터라면 세금 감면분만 아니라 정부지원금 제도를 함께 활용함으로써 초기 인건비와 운영 비용에 대한 부담을 줄일 수 있습니다. 그중에서도 청년일자리도약장려금과 퇴직연금 푸른씨앗 지원금은 직원 채용과 퇴직연금 운영 과정에서 실질적인 비용 절감 효과를 기대할 수 있는 대표적인 제도입니다.

이번 장에서는 크리에이터가 활용할 수 있는 주요 정부지원금 제도의 내용과 적용 요건을 중심으로 살펴보겠습니다.

청년일자리 도약장려금이란?

청년일자리도약장려금은 중소기업이 청년층 등 취업이 어려운 구직자를 신규로 채용하는 경우, 정부가 인건비의 일부를 지원해 주는 제도입니다.

특히 사업 초기 단계에서 직원을 처음 고용하는 크리에이터에게는 인건비 부담을 실질적으로 줄여줄 수 있는 제도로 활용도가 높습니다.

청년일자리도약장려금의 주요 내용은 다음과 같습니다.

- 지원 대상: 만 15세 이상 34세 이하의 청년 등을 고용한 중소기업
- 지원 금액: 1인당 연간 최대 720만 원(월 최대 60만 원 한도 내 지원)

- 지원 조건: 고용 유지 기간 6개월 이상, 주 30시
  간 이상 근로 요건 충족
- 신청 방법: 고용노동부 워크넷을 통해 온라인
  신청

요건을 충족하는 경우 편집자나 보조 인력 등 초기 인력 채용 비용을 크게 절감할 수 있으므로, 직원 채용을 계획하고 있는 크리에이터라면 반드시 검토해 볼 필요가 있습니다.

퇴직연금
푸른씨앗 지원금이란?

퇴직연금 푸른씨앗 지원금은 중소기업이 퇴직연금 제도를 도입할 때 발생하는 초기 도입 비용을 정부에서 지원해주는 제도이다. 퇴직연금은 직원들에게 안정적인 노후 자금을 마련해주는 중요한 제도이지만, 중소기업 입장에서는 도입과 운영 시 비용 부담이 클 수 있어 지원금을 통해 그 부담을 덜 수 있다.

- 지원 대상: 30인 이하 중소기업과 월 평균 보수가 최저임금의 130% 미만(268만 원 이하)인 근로자
- 지원 금액: 사용자 부담금의 10%를 최대 3년간 지원, 1인당 최대 26만 8천 원

- 지원 조건: 퇴직연금 도입 및 운영 시작, 근로자 및 사용자가 모두 지원 대상에 해당
- 신청 방법: 근로복지공단 푸른씨앗에 가입 시 자동으로 지원 요건이 충족되면 별도의 신청 없이 지원금 지급

PART 14

크리에이터 세무조사 사례

크리에이터 산업이 빠르게 성장하면서 국세청의 관리와 세무조사 대상에서도 크리에이터 업종이 점차 중요한 위치를 차지하고 있습니다. 특히 광고 수익, 협찬·PPL, 후원금, 멤버십 수익 등 수익 구조가 다양하고 국외 수입이 포함되는 경우가 많아, 신고 누락이나 과소신고가 발생하기 쉬운 업종으로 인식되고 있습니다.

이번 장에서는 실제 크리에이터 세무조사에서 자주 문제 되는 사례를 중심으로, 어떤 항목이 리스크로 작용하는지 살펴보고 사전에 주의해야 할 포인트를 정리해 보겠습니다.

크리에이터는 세무조사 대상?

기술 발전과 플랫폼 확산으로 크리에이터 업종은 단기간에 빠르게 성장하였으며, 그 과정에서 과세 사각지대로 인식되는 영역이 존재해 왔습니다. 이에 따라 최근 국세청의 점검과 관리가 점차 강화되고 있는 추세입니다.

특히 크리에이터의 수익 구조는 구글 애드센스와 같은 광고 수익을 비롯하여 협찬·PPL, 후원금, 멤버십 수익 등으로 매우 다양합니다. 또한 일부 수익은 현금 수취, 국외 입금, 친인척 계좌를 통한 수령 등의 형태로 이루어지기도 하여 과세 당국 입장에서는 소득 추적이 어렵고, 그 결과 장부 관리가 부실해질 가능성이 높은 업종으로 분류됩니다.

이러한 특성으로 인해 크리에이터 업종은 현재

국세청의 주요 관리·조사 대상 업종 중 하나로 지
속적인 관심을 받고 있습니다.

세무조사
리스크 항목

수입금액의 누락 및 과소신고

크리에이터 세무조사에서 가장 빈번하게 문제 되는 항목은 수입금액의 누락 또는 과소신고입니다.

광고 수익, 협찬·PPL, 후원금, 멤버십 수익 등 수익 형태가 다양하고 플랫폼별로 분산되어 있다 보니, 일부 수익이 신고에서 누락되거나 실제보다 적게 신고되는 사례가 적지 않습니다.

실제로 최근 보도에 따르면 최근 6년간 세무조사를 받은 국내 유튜버는 67명에 달하며, 이들에게 부과된 추징 세액은 총 236억 원에 이르는 것으로 나타났습니다. 또한 2024년 기준 유튜버 1인당 평균 추징 세액은 약 4억 2,000만 원 이상으로, 수입금액

누락이 세무조사 시 매우 큰 재무적 리스크로 작용하고 있음을 보여줍니다.

이처럼 수입금액 관리가 부실한 경우 단순한 신고 실수가 아니라 고액의 추징으로 이어질 수 있으므로, 플랫폼별·수익 유형별 매출 관리가 무엇보다 중요합니다.

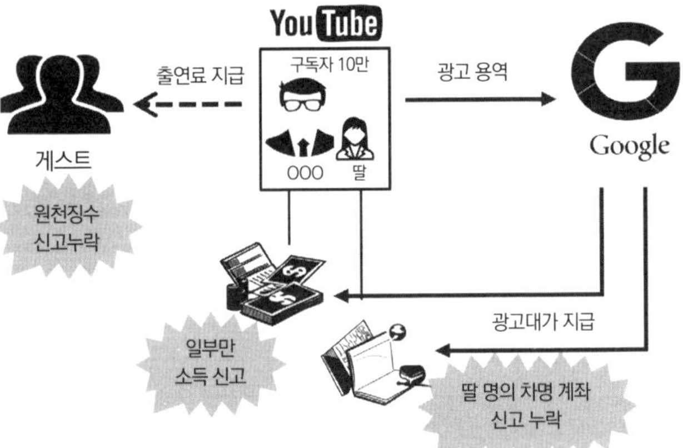

'구글 애드센스 수익', '국외 광고 수익', '후원금', '멤버십 수익' 등은 세금 신고에 제대로 반영되지 않는 경우가 많습니다. 이와 관련하여 "국외 수입이니 국세청이 알기 어렵다"라고 생각하는 경우도 있으나, 이는 큰 오산입니다.

특히 한국은행을 경유하여 국내 은행 계좌로 미국 달러(USD)가 입금되는 경우, 국내 금융기관은 외환 거래 내역을 국세청에 신고하는 절차를 거치게 됩니다. 이 과정에서 국외 광고 수익이나 국외 플랫폼 수입이 국세청을 통해 확인·적발되는 사례가 실제로 발생하고 있습니다.

또한 국내외 수입을 친인척 명의의 계좌로 수취하거나, 플랫폼에서 정상적으로 지급되었음에도 세금 신고를 하지 않은 경우에는 수입금액 과소신고로 판단되어 세무조사 대상이 될 수 있습니다.

결국 수익의 발생 형태나 수령 경로와 관계없이, 모든 사업 소득은 정확하게 신고·반영해야 한다는 점을 반드시 유의해야 합니다.

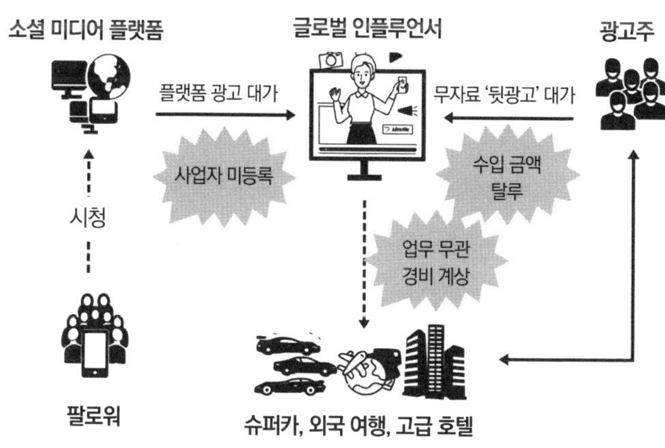

사업자 등록 미이행

반복적이고 지속적인 수익이 발생함에도 불구하고, 개인 프리랜서 형태로만 신고하거나 사업자등록을 하지 않은 채 종합소득세만 신고하는 경우가 적발되고 있습니다.

이처럼 실질적으로는 사업 활동에 해당함에도 사업자등록을 이행하지 않은 경우에는 사업자등록 의무 위반으로 판단되어 세무조사 대상이 될 수 있으며, 부가가치세 신고 누락, 가산세 부과 등으로 이어질 수 있습니다.

따라서 크리에이터의 수익이 일회성이 아닌 반복적·지속적인 구조로 발생하고 있다면, 형식과 관계없이 사업자등록 여부를 반드시 검토해야 합니다.

광고비 누락

협찬(PPL) 형태로 광고주가 광고비를 지급하는 경우에는 해당 지급액에 대해 원천징수를 해야 함에도 이를 누락하거나 회피하는 사례가 세무조사 대상 사유로 빈번하게 지적되고 있습니다.

특히 광고비를 현금으로 수령하거나, 개인 계좌로 받는 방식, 또는 용역 제공 사실을 명확히 드러내지 않은 채 거래를 처리한 경우에는 광고수익 누락 또는 원천징수 불이행으로 판단될 수 있습니다.

이러한 경우 광고주와 크리에이터 모두 세무상 불이익을 받을 수 있으므로, 협찬 · PPL 수익에 대

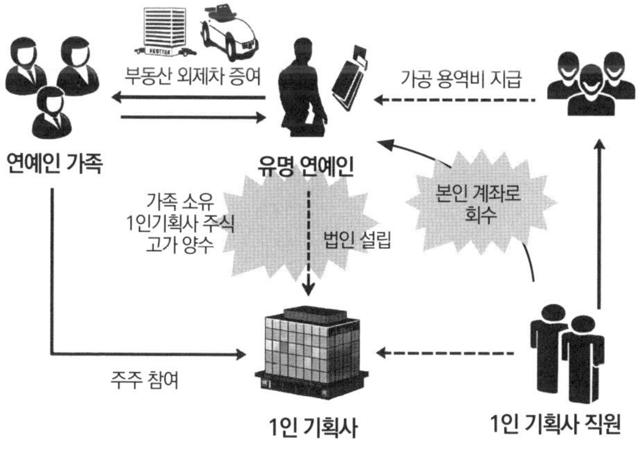

해서는 지급 구조와 원천징수 여부를 명확히 관리
해야 합니다.

업무와 관련 없는 비용 반영(사치성 비용)

세무조사에서 자주 문제 되는 항목 중 하나는업무
와 직접적인 관련이 없는 사적·사치성 비용을 경
비로 반영한 경우입니다.

실제 인플루언서 법인 사례에서는 고가 사치품
구매 비용, 법인 비용으로 처리된 명품·고가 시계,
가족 인건비를 가공하여 계상한 사례 등이 주요 쟁
점으로 지적된 바 있습니다.

또한 언론 보도에 따르면 2023년 고소득 사업자
84명에 대해 세무조사가 착수되었으며, 이 조사 대
상에는 연예인, 운동선수, 웹툰 작가, 유튜버, 인플
루언서 등이 포함된 것으로 알려졌습니다.

해당 보도에서는 일부 유명 웹툰 작가와 관련하
여 법인 명의로 고가의 차량을 여러 대 구매하거나,
법인 신용카드로 명품을 구매한 정황, 저작권을 법
인에 무상 이전하는 방식으로 신고 소득을 축소한
사례가 문제 제기로 언급되었습니다.

이처럼 사적 지출이나 사치성 소비를 법인 또는 사업 비용으로 처리하는 경우에는 업무 관련성이 인정되지 않아 비용 부인 및 세금 추징으로 이어질 수 있으므로, 경비 처리 시 각별한 주의가 필요합니다.

마치며

실수하지 않기 위한 세금 이야기

크리에이터의 세금 문제는 더 이상 일부 고소득자만의 이야기가 아닙니다. 플랫폼을 통한 수익 구조가 다양해지고, 국외 수입 · 광고 수익 · 후원금 · 멤버십 등 과세 대상이 명확해지면서 크리에이터 역시 일반 사업자와 동일한 기준으로 세무 관리를 요구받고 있습니다.

이 책에서 반복해서 강조한 것처럼, 절세의 핵심은 세금을 줄이는 기술이 아니라 가산세가 발생하지 않도록 구조를 설계하고 관리하는 것입니다. 사업자등록 시점, 업종 선택, 경비 처리 기준, 인건비 신고 방식, 4대보험과 각종 세액공제 제도는 사전에 알고 준비했느냐에 따라 결과가 완전히 달라집니다.

특히 크리에이터의 경우 "아직 규모가 작아서", "국외 수입이라 괜찮을 것 같아서", "플랫폼에서 알아서 정산하니까"라는 막연한 판단이 가장 큰 세무 리스크로 이어지는 경우가 많습니다. 실제 세무조사 사례에서도 대부분은 고의적인 탈루보다는 제도를 몰라서, 관리하지 않아서 문제가 발생했습니다.

이 책은 모든 크리에이터에게 동일한 해답을 제시하기 위한 책은 아닙니다. 다만 최소한 어디에서 문제가 생길 수 있는지, 어떤 선택이 세금으로 이어지는지, 언제 전문가의 도움을 받아야 하는지를 판단할 수 있는 기준을 제시하고자 했습니다.

앞으로 크리에이터 산업은 더 커지고, 세무 관리의 기준은 더 엄격해질 것입니다. 그 변화 속에서 이 책이 단순한 절세 노하우가 아니라 지속 가능한 창작 활동을 위한 기본 설계도로 활용되기를 바랍니다.

공짜로는 알 수 없는 절세 비법 크리에이터

초판 1쇄 인쇄 2026년 2월 25일
초판 1쇄 발행 2025년 3월 5일

지은이 김조겸
발행인 선우지운

편집 이주희
표지디자인 공중정원
본문디자인 김민주
제작 예인미술
출판사 여의도책방

출판등록 2024년 2월 1일(제2024-000018호)
이메일 yidcb.1@gmail.com
ISBN 979-11-243590-0-6 (03320)